神の探求 I

A Search for God [Book I]

エドガー・ケイシー［口述］
AREスタディグループ［編纂］
光田 秀［訳］

たま出版

A SEARCH FOR GOD, BOOK I
by The Study Group of The ARE

訳者まえがき

本書は、エドガー・ケイシー（1877〜1945）がその生涯において最大の労力を払って完成させた“A Search for God, Book I”を翻訳したものです。エドガー・ケイシーが晩年、ある人から「あなたの最大の業績は何ですか」と問われた時、彼は躊躇なく「『神の探求』というテキストをこの世に遺したことです」と答えたと伝えられます。そのケイシーの遺産ともいうべき本書をここに翻訳出版できたことは、訳者にとっても大きな喜びです。

エドガー・ケイシーは米国が生んだ二〇世紀最高の霊覚者の一人であるといわれます。ひとたび催眠状態に入ると、彼自身がまったく知らないさまざまな事柄について、卓越した情報を与えることができました。この不思議な能力は「リーディング」と呼ばれるようになり、彼の前半生においては、依頼者の病気（その多くは難病）を診断し、治療法を与えることに用いられました。彼が残した治療法は現代においても研究され、さまざまな疾病の治療に役立てられ、大きな成果をあげています。ケイシーが義務教育しか修了していないことを考えると、このこと自体が常識を越えたことであり、人間の本質に関するわたし達の認識を大きく変えるものといえます。

ケイシーの不思議な能力は、その後、あらゆる分野に適用できることが見出され、催眠状態のケイシーに適切な質問さえすれば、高次の情報が得られることがわかりました。彼が四〇代以降に行ったリーディングのほとんどは、速記者によって正確に書きとめられ、資料として残されるようになりました。現代に生きるわたし達が彼の情報に接することができるのも、この速記記録のおかげです（現在では、それらの記録がすべて一枚のCD-ROMに収められ、パソコンさえあれば自宅で簡単に閲覧したり検索できるようになりました）。

エンジニアは電子回路について質問し、薬剤師は治療薬の調整法について質問し、母親は子育てについて質問し、哲学者は世界の認識の仕方について質問し、そのことごとくに対してケイシーは驚くような英知をもって答えました。あるいはまた、投資家が株の動向を質問すればそれにも答え、政治家が政策について尋ねれば、それにも洞察に富むアドバイスを与えました。一攫千金を狙って、宝探しや石油探査にケイシーの能力を利用しようとした人達もいました。

このように、眠れるケイシーは、人々のさまざまな質問に対して、英知にあふれた不思議な透視力をもって答えたわけですが、そのようなやり取りの中でも、人間の本質に関してケイシーが与えた情報ほど、わたし達の人生に影響し、わたし達の世界観を変容させるものはないでしょう。

多くの人が質問しました。「人生の目的はなんですか?」「人は何のために生きるのですか?」「わずか数十年のこの人生に何か価値があるのですか?」と。

これらの人生の本質に関する重要な問いかけに対して、ケイシーは次のように答えました。すなわち、「人間の本性は永遠不滅の霊的存在であり、人は魂の錬磨のために何度も肉体に生まれ変わり、ついには輪廻を越えた霊的世界に行くのだ」と。そして人生にとってもっとも重要なことは、「肉体生活を送りながら、精神的・霊的に成長し、究極的には神の共同創造者になることだ」と。

この言葉に促され、霊的成長の道を探求するグループがエドガー・ケイシーの周囲に形成されるようになりました。そして実際、一九三一年にはこのグループのために霊的成長に関するリーディングが取られました。

それ以来、十数名からなるこのグループは定期的に集まって、霊性を高めるためのリーディングを受けました。霊性を高める努力と聞くと、何か宗教団体の研修や修養法などを連想しますが、エドガー・ケイシーのリーディングはむしろ日常生活の中にあって、その中で自分の心と魂を高めて行く道を指示しました。普通の社会生活を営みながら、自らの精神性・霊性を陶冶することを求めたのです。深山幽谷に入り、隔離された環境の中で霊的成長を求めるよりも、ある意味でこちらの方がはるかに困難であり、多大の努力を要するものであるといえます。

霊的な成長を促すために、リーディングは彼らに実践すべき課題を与えました。そして、グループがそれらの課題を達成すると、次の課題を与えるという具合に、徐々に課題の内容を高め、彼らが着実に向上するよう導きました。課題の達成が不十分であれば、リーディングは次の課題に進むことを許しませんでした。何ヶ月かかろうと同じ課題に取り組ませました。時には、メンバー一人一人に対して、それぞれの課題に関する具体的なアドバイスを与えたり、努力不足を厳しく指摘することもありました。グループのメンバーが取り組んだそれらの課題が、本書に出てくる「協力」であり、「理想を定める」であり、「忍耐」「愛」等であったのです。

こうして一三年の長きにわたり、彼らは与えられた課題に取り組み、二四の課題を達成しました。この一三年間には残念なことに、何人かのメンバーが脱落しましたが、新たなメンバーが加わり、グループとしての仕事が完成されました。

彼らに与えられたリーディングと彼らの体験は、各課題ごとにテキストとしてまとめられました。そしてテキストの内容がリーディングによって承認されると、それは他のグループの人々にも配布されるようになり、米国の各地でこのテキストを勉強するグループが結成されました。こうしてスタディグループが開始されました。

スタディグループが開始された頃、これらのテキストは単に「レッスン」と呼ばれていましたが、各課のテキストをまとめて書籍の形にする時になって、“A Search for God”（神の探求）という名前が付けられました。以来、“A Search for God”は霊的成長を求める探求者の安全で確実な道案内となってきました。

本書の中には極端な苦行や社会生活を不可能にするような活動はありません。それぞれが日常生活を送りながら、日常生活を通して自らの霊性を高め、人生そのものを霊化していくのです。困難ではありますが、わたし達がいま立っているところから始めることができるのです。ケイシー存命中、このテキストを熱心に実践していった結果として、メンバーは高い霊的人格を有するようになり、そのうちの一人は、「この人はキリスト意識に到達した」とリーディングによって証しを得るに到りました。

このような高い霊的意識に到達するかどうかはわかりませんが、わたし達も、このテキストを正しく実践活用するなら、霊的成長の道を確実に歩むことができるものと信じます。

さて、私が本書の翻訳を開始したのは今から一五年前の二八歳の時でした。出版社から依頼されて翻訳を始めたわけではなく、エドガー・ケイシーの業績の本質を知る上で、本書の内容を理解することがどうしても必要だと思ったからです。それに、書籍としては薄い本ですから数ヶ月で翻訳できるものと思っておりました。ところがいざ取りかかってみると、聖書の引用やキリスト教の思想が濃厚に込められており、当時の私の知識と力量ではとても歯が立ちませんでした。

内容の理解は不十分なまま、それでも二年くらいかけて日本語に移し替えてみました。すると、ちょうど翻訳が終わる頃、たま出版の瓜谷社長（当時）から『神の探求』を翻訳出版してみませんか、というお話をいただきました。この偶然とは思えないタイミングに、私は本書を翻訳出版することに対する宇宙の導きのようなものを感じました。

こうして正式に出版社が決まりましたので、私も時間を見つけては推敲を続け、徐々に完成度を高めて行きました。そして数年後には、日本語訳はほぼできあがりました。

おそらくこの段階で訳書として出版しても、それなりにテキストとして通用したかもしれません。訳者としての責任を果たすことができたかもしれません。しかし、私はそれらの翻訳原稿を突如、書庫の奥にしまい込んでしまいました。どうしても書籍にする気になれなかったのです。

聖書ならびにキリスト教に対する理解と、本書の内容に対する私自身の体験が不足していたために、自信をもって世に出すことができなかったのです。これらのものが欠けていると、翻訳文が浅薄にならざるを得ません。翻訳者自身が消化できていない内容を日本語にしたところで、読者を一層の消化不良にさせるだけです。私自身が自分の翻訳を読んで、その内容の本質を理解できないのですから。その上、私に求められたのは、一般的な聖書理解、キリスト教理解ではなく、ケイシーのリーディングが述べるところに従った聖書理解であり、キリスト教理解であったのです。

リーディングは、聖書の中に輪廻転生を認め、カルマを聖書の言葉で説明します。そしてイエス自身の輪廻転生を聖書の中に読み取り、その上で、キリストによる救いの意味を説明するのです。それらを正しく理解しない限り、『神の探求』の完成はありえない、と私は思ったのです。少なくとも、日本人の霊性に消化されなければ、日本語版としての用を為さないと思いました。

それからというもの、私はリーディングをもとに聖書に取り組みました。創世記から始まって黙示録まで何度も読み返し、自分の中で噛みくだき、消化して行きました。そういう努力を続けているうちに、それまで難解で意味不明に思えていた聖書の言葉が、実に霊的示唆に富むものであることが理解できるようになりました。あたかも宝探しでもするような感覚でした。聖書の霊的意味が、リーディングによって次々に明らかにされていくのですから。「アダムとイブ」の神話が、「カインとアベル」の物語が、「モーゼによるエジプト脱出」の意味が、「キリストの誕生と十字架」の意味が、わたし達の人生の上に直接展開されていくのです。

こうして聖書理解と体験が深まっていくにつれ、私の中で『神の探求』を仕上げるべき時期が来たという思いが高まってきました。今から三年ほど前のことです。書庫の奥から翻訳原稿を引っ張り出し、ケイシー研究家の渡辺賢治さんにも手伝ってもらいながら推敲を再開しました。また、原文の理解が十分でないと感じられる時には、その都度AREスタディグループ統括者のJim Dixon氏あるいはAREのマネージャーであるKevin Todeschi氏に問い合わせ、理解を確実なものにするよう努めました。ほとんど段落単位で質問する私のメールに彼らは忍耐強く答えてくれました。まさに、『神の探求』の精神の手本を示してくれました。

こうして最初の翻訳に大幅に手を加えて、本書の翻訳がほぼできあがりました。日本人にはなじみの薄い聖書用語については注を施すなど、これまでの聖書研究の成果が役立ちました。また、原文をそのまま翻訳したのではわたし達日本人に理解が難しいと思われる箇所は、私自身の体験をふまえ、私自身の言葉である程度噛みくだいた訳をするようにしました。

そして、最終仕上げとして、翻訳原稿を長年エドガー・ケイシーを研究してこられた福田高規先生と坂内慶子先生に見ていただき、翻訳の不備をいくつか指摘していただきました。先生方に指摘された箇所を見直して、ここに一五年にわたる翻訳を完了し、出版に至ることができました。

本書によって、エドガー・ケイシーの残した業績のエッセンスが日本の多くの方々に迎えられ、霊的啓発に役立てられることを心より願っております。巻末に、ARE および日本エドガー・ケイシーセンターの連絡先を記してありますので、『神の探求』スタディグループの進め方やエドガー・ケイシーの業績についてのお問い合わせは、そちらにお願いいたします。

最後になりましたが、本書の翻訳の機会を与えて下さったたま出版の韮澤潤一郎社長、編集部の高橋清貴さん、翻訳文の推敲を手伝って下さった渡辺賢治さん、最終原稿に目を通して貴重なご意見をいただいた福田高規先生と坂内慶子先生、私の仕事を理解し、いつも私を励まし支えてくれた妻の由美、本書の出版を辛抱強く待っていて下さった日本エドガー・ケイシーセンターの皆さん、そして本書を手にとって下さった皆さんに心から感謝いたします。

宇宙の大いなる恵みが本書を通して豊かに与えられんことを祈りつつ。

光田　秀

二〇〇二年九月

目次

凡例

一　聖書の引用は原則的に新共同訳聖書（日本聖書協会）に準拠したが、語調の格調が重んぜられる箇所では文語訳聖書（日本聖書協会）を使用した。引用に際して、文脈に沿うように一部のかな遣いを改めた。

二　聖書の引用文は書名および章節を漢数字で脚注に示した。また、リーディングの引用についてはリーディング番号を算用数字で示した。

三　原文にはないが、理解を助けると思われる範囲で簡単な解説を脚注に施した。また、まとまった解説が必要なところについては、各章の終わりに後注として解説を加えた。

四　各章の冒頭にはアファメーション（祈りの言葉）が掲げられている。ただし、日本語訳は原文の韻律の味わいを忠実に移すことはできない。そのため各章の最後に、アファメーションの原文をそのまま収録した。必要に応じて、原文を用いるか、原文をもとに各自が祈りの言葉を工夫していただきたい。

はじめに

ここに書かれた内容は、あなた自身がそれを生き、あなた自身の人生で試していただくためのものです。

ここには、わたし達が日々の生活を通して生きるべき霊的真理がまとめられています。

本書は、米国バージニア州に本部を置くARE[1]の第一スタディグループ[2]の人々が、エドガー・ケイシーの教えをもとに編纂したもので、その点においてもユニークな書だといえます。

各課の冒頭に引用されたアファメーション（祈りの言葉）と本文の基本的な内容は、エドガー・ケイシーのリーディング[3]に由来します。これらのリーディングは、自らの霊的成長を求めて集まった十二人の奉仕者に対してケイシーが与えたもので、リーディングの導きを通して彼らは自らの霊性を高め、瞑想体験を深めていきました。

リーディングの教えを生きることで、これらの奉仕者は希望と平安を得、同胞に対する自分のあるべき姿をより良く理解できるようになりました。また自分の人生が「神」との豊かな交わりの上にあることを知る、深い喜びを自分のものにすることができました。

ここに目新しいものは何もありません。神の探求は、人類の出現とともに始まりました。本書は、たとえわたし達が試練の時代を通過しなければならないとしても、わたし達を導く光があることに人々が気づくように、また、霊的真理を日々の生活に適用するならば素晴らしい世界が建設され得るという希望に溢れたヴィジョンに目覚めるよう、わたし達の手に託されたのです。

注

（1）エドガー・ケイシーのもたらした情報の研究と啓蒙を目的に、一九三一年に米国バージニア州バージニアビーチに設立された会員制の組織。正式名称は Association for Research and Enlightenment, Inc.、ホームページのアドレスは http://www.edgarcayce.org/ である。世界各地に支部を持ち、日本では日本エドガー・ケイシーセンター（Edgar Cayce Center in Japan: ECCJ）が支部として活動を行っている。日本エドガー・ケイシーセンターについては本書の巻末に情報がある。ホームページのアドレスはhttp://www.eccj.ne.jp/である。

（2）スタディグループは『神の探求』を学習するために組織されるグループで、一般に十人前後のメンバーで構成される。全世界で数千のスタディグループが活動している。第一スタディグループは、エドガー・ケイシーの与えたリーディングを基に本書『神の探求』を編纂したグループである。

（3）エドガー・ケイシーが催眠状態で語った内容を「リーディング」と呼んでいる。ケイシーは存命中に一万四千件以上のリーディングを与えた。通常、リーディングはリーディング番号で参照され、この番号は二つの部分から成る。最初の番号は特定の個人またはグループを指し、次の番号は同一人物またはグループの何番目のリーディングであるかを表している。たとえば262―5というリーディングは、262という番号を割り当てられたグループに対する五番目のリーディングであることを意味する。ちなみに262は第一スタディグループに与えられた番号である。

瞑想

汝等《なんじら》しずまりて我の神たるを知れ。
（詩編四六・一〇）

主の祈り（1）

天にまします我らの父よ、
願はくは御名《みな》の崇《あが》められんことを。
御國《みくに》の来たらんことを。
御意《みこころ》の天のごとく
地にも行はれんことを。
我らの日用《にちよう》の糧《かて》を今日もあたへたまへ。
我らに負債《おいめ》ある者を我らの免《ゆる》したるごとく、
我らの負債をも免したまへ。
我らを嘗試《こころみ》に遇《あ》はせず、
悪より救い出したまへ。
御國と御力《みちから》と栄光は、
永久《とこしえ》に汝《なんじ》のものなればなり。アーメン
（マタイ六・九〜一三）

エドガー・ケイシーのリーディングは、人間をすべての面で十全に成長させるには瞑想が不可欠であるとし、その重要性を繰り返し強調しました。その重要性故に、『神の探求』のテキストの構成がほぼ出来上がった段階で、リーディングは「瞑想」の章を新たに設け、それをテキストの冒頭にもって来ることを指示しました。しかし、スタディグループを始めたばかりのグループの場合、グループ活動の全体的な流れに早く慣れることが望ましい時には、この「瞑想」の章を後回しにして第一課「協力」から始めてもいいでしょう。その場合、「瞑想」の章は、各自が学習するか、スタディグループの活動にある程度慣れたところでグループとして取り上げるなど、状況に合わせて学習して下さい。

7　瞑想

はじめに

この物質世界には、成長という現象がさまざまなところで見られます。しかしわたし達は、物質的・肉体的な成長だけでなく、霊的《スピリチュアル》な成長についてもしっかり自覚する必要があります。たとえば、人間と神の関係を理解する、あるいはその理解を深めたり理解の幅を広げる、といったことも霊的な成長に含まれるでしょう。そのような理解が深まれば、その程度に応じて、わたし達は自らの人生をより有意義で価値あるものにする力を得ます。これまで霊的な成長が強調されるところでは、物質生活を罪悪視し、そこから離れることが望ましいことであるかのように主張されてきました。そのため、良識ある人々は「霊的《スピリチュアル》」という言葉を、なにか現実の生活から遊離した絵空事、天上の、とらえ所のない事柄であるかのように考えてきました。

人生における永遠の問いはこうです。「本当に価値のある思想、考え方は何だろうか。本当に価値のある活動、経験は何だろうか」と。この問いに対する確固とした判断は、自己の内からのみ現れます。そして、そのような価値判断の感覚、揺るぎない信念は、自分という存在の本質をどのように理解しているか、つまり、自分と他人との関係、自分と神との関係をどのようなものとして理解しているか、その理解の内容に基づくことになります。瞑想は、そのような自己理解を得るための重要な手段なのです。

祈りと瞑想

祈りとは

祈りや瞑想について何も考えない人がいます。そういう人達は、大きな流れの中に漂い、周囲の状況がそのうち自分の都合のいいように変わってくれることを当てにして暮らしています。一方、彼らとは対照的に、よりよい生き方を探求している人々もいます。このような人達は人生を照らす「光」を求め、その光の下で、人生に現れるさまざまな出来事の真の意味を理解しようと努め、自分の生き方を常に点検し、生きる希望を新たにしようとします。

祈りとは、わたし達がその肉体意識を、創造主の《大いなる意識》に同調させようとする行為だといえます。言い換えれば、この物質世界に現れている霊的な力に、わたし達の意識的な心を同調させようとすることです。祈りはまた、大勢の人々が集まって、同じ目的のために心を合わせるという行為になることもあるでしょう。

祈りを、人に見せびらかしてエゴを満足させるための、外面的なものにしている人がいます。しかし真実の祈りは、内なる自己の小部屋に入り、そこからエゴを追い払い、代わりに父なる神の霊で満たそうとすることです。祈りに対するこのような態度の違いを、イエスは次のように教えられました。

「二人の人が祈るために神殿に上った。一人はファリサイ派の人[1]で、もう一人は徴税人[2]だった。

ファリサイ派の人は立って、心の中でこのように祈った。『神様、わたしはほかの人たちのように、奪い取る者、不正な者、姦通を犯す者でなく、また、この徴税人のような者でもないことを感謝します。わたしは週に二度断食し、全収入の十分の一を献げています。』ところが、徴税人は遠くに立って、目を天に上げようともせず、胸を打ちながら言った。『神様、罪人のわたしを憐れんでください。』言っておくが、義とされて家に帰ったのは、この人であって、あのファリサイ派の人ではない。だれでも高ぶる者は低くされ、へりくだる者は高められる」[3]

瞑想とは

瞑想とは、《創造力》が肉体に備わる経路を通って上昇し、敏感な霊的中枢を介してそれが全身に送り出されるよう、その流れを阻害するあらゆるものをわたし達自身から取り除くことに他なりません。正しい瞑想は、わたし達の肉体と精神の両方

1 ファリサイ派はユダヤ教の一派で、宗教戒律である律法の厳格な遵守をその信条としていた。しかしながら、イエス時代には、律法の本来の目的から逸脱して形式的な律法遵守に陥り、また律法を守れない一般大衆を見下していた。

2 イエス時代のユダヤ人社会では、徴税人はローマ帝国の手先として、同じユダヤ人から憎まれ、「罪人」と同様に見なされた。

3 ルカ一八・一〇～一四

を鍛えます。聖書にも、主の御使いから食べ物を与えられたエリアが四十日四十夜荒れ野の中を歩き通した、という話があります。[4][5]

瞑想は、物思いに耽《ふけ》ったり白昼夢を見ることではありません。瞑想とは、わたし達の精神体と肉体を霊的本源に同調させる行為であり、また、わたし達の精神と霊を奮い立たせ、創造主との結びつきに由来する精神と霊の本当の力を発揮せしめることです。これこそが真の瞑想です。

瞑想は、内なる自己から来る祈りである、ということもできます。つまり瞑想は、肉体としての人間の内的な働きであると同時に、《霊》によって覚醒された魂の働きでもある、ということです。祈りの中でわたし達は神に語りかけ、瞑想の中では神がわたし達に語りかけます。

祈るだけで十分か？

問うだけで答が得られるでしょうか。そんなことはありません。しかし、問うことで、わたし達が答を求めていることを示すことになります。祈りについても同じことがいえます。わたし達は祈ることで、わたし達の生活において神の約束が現実

4　列王上一九・八
5　281−13

のものとなるよう、神の導きと助けを切望していることを天の父に示します。しかしながら、わたし達の内奥に現れる静かで小さなささやき[6]を聴くには、また「すべて良し」と知るには、わたし達は祈りという準備をし、しかる後に静かに耳を澄ませ、じっと待つという姿勢が必要になります。祈りはそれ故、瞑想の土台です。

　静まった時にのみ、わたし達は神を知ることができます。そして神を知った時に初めて、わたし達は心から「神よ、あなたの御心が行われますように」と言うことができるのです。「神はわたし達と共に食される」という言葉の意味が、この時了解されます。

　わたし達は祈りにおいて自己の浄化を求めます。真実の瞑想を得るには、神との親しき交わりにかなう自分になれるよう、身心を浄化しなければなりません。このように、祈りと瞑想は互いに補い合う関係にあります。

6 列王上一九・一二

瞑想の準備

肉体の準備

肉体の浄化と聖化

わたし達は、この宇宙がそうであるように、肉体（物質）、精神体、霊体の三重構造になっています。これらの三つの身体は密接に関連し、どれか一つの身体が何らかの作用を受けると、他の二つの身体もそれに影響されます。肉体は、物質界に現れた創造力が集まった一つの統一体だといえます。つまり、この肉体の中にすべてのものが存在し、わたし達が理解し得る宇宙はすべて、その縮図を肉体の中に認めることができる、ということです。それ故、自己を探求し、自らの肉体が生ける神の神殿であることを自覚することは、わたし達の特権であるばかりか、義務でもあります。

昔から人は、深い瞑想に入るには、それに見合った準備が必要であることを知っていました。瞑想の前にきれいな水で体を清める人もいれば、特定の食べ物を避けたり、男女の交わりを慎んだり、あるいは特殊な呼吸法をすることで肉体のバランスを整えたりすることを行ってきました。適切な呼吸法は、全身の血液循環を正常にする働きがあります。また、瞑想を行う場所の環境を整えるために香を焚いたり、聖音を唱えたり、あるいは音や音楽を使う人もいます。肉体の中枢を通ってエネルギーが上昇する時に、これらの香りや音が思考を浄め、身心を静めるのに役立つのです。いわゆる野蛮人は、奇声を上げたり、太鼓を叩いて、戦闘的で破壊的な激しい情動を刺激しますが、これなどは、同じ力を否定的な方向に用いた例だといえます。[7]

瞑想を、たとえを用いて説明してみましょう。

電気技師は、発電所に入る前に、必ずその作業にふさわしい作業服に着替えます。彼は、これから自分が取り扱うものの性質を熟知しており、下手に扱えば、命を落としたり、大事故を招く危険性があることを充分承知しています。電気技師ですらそうなのですから、瞑想によって三つの身体（肉体・精神体・霊体）をあらゆる力の本源に同調させようとするわたし達は、彼ら以上に細心の注意を払って身心を浄め、瞑想についての理解を深めておく必要があります。神は、わたし達自身の内なる聖所においてわたし達と会って下さることを約束されました。しかし、それに値しないのに聖所に入ろうとすれば、自己の破滅をもたらすのみです。

瞑想の方法は人それぞれ異なりますが、瞑想するからには、誰でも世間の煩わしい事柄から自分を切り離し、肉体を浄めることが必要です。「明日、主なる神にまみ

7　440–12の答21、または281–13

えんために、今日、汝自身を聖別せよ。主なる神、汝を通して語り給わん」[8]とあります。神は、父が子に対するように、わたし達に語りかけて下さいます。わたし達は、主なる神の臨在[9]にあずかれないほど、遠く彷徨《さまよ》い出てしまったのでしょうか。「あなたがわたしの子となるならば、わたしはあなたの神となる。どれほど遠く彷徨い出ようとも、あなたがわたしを呼ぶならば、わたしは聞く」[10]という神の約束を忘れてしまったのでしょうか。

瞑想を試みる前に、わたし達は何が自分の身心を浄めてくれるか、その最善の方法を見つけなければなりません。ある特定のイメージを心に思い描くことで《創造力たる神》の意志に近づこうとする時、わたし達の内に実際に創造が起きます。

身心の浄化が進み、心に描くそのイメージがわたし達の中で最高度の力を発揮できるようになると、わたし達は、どんな癒しも想いによって自由に流せるようになっている自分に気づくはずです。

自分に一番ふわさしい方法で自己を浄化したなら、もはや瞑想体験が心や体に悪影響を及ぼす心配はなくなります。もし瞑想することで身心のバランスを崩したり、体調を悪くするようなら、それは身心の浄化が不足していることを意味します。

8　281–13

9　臨在については第九課を参照のこと。

10　281–41

内分泌腺との関係

もっとも高い理想に心を向けると肉体は静まり、肉体の波動が現実に上昇します。これは、肉体に備わる敏感な霊的中枢の働きが活発になり、肉体という鞘《さや》と魂との接点が刺激されるためです。このプロセスを順を追って考察してみましょう。

わたし達が《無限なる神》に同調し始めると、生殖腺がモーターのような働きをして、体の中にパワーを起こします。この霊的パワーは、ライディック細胞群（生殖組織に存在する）という中枢を通って入ってきます。この中枢はいわば扉のようなもので、それまで霊的活動を通してその中枢をどのように用いてきたかによって、開いたり、閉じたりします。イメージや理想を喚起すると、この生命エネルギーはアッピア街道、[11]つまり《銀の紐》を通って上昇し、脳の松果腺に到達します。ここから生命エネルギーは精神体と肉体に活動力を与える諸中枢に分配されていきます。このエネルギーはまた脳の中央にある第三の目（脳下垂体）に向かって行きます。この中枢は額中央のすぐ後方にあります。ですから、瞑想に入ると、性腺からはっきりとしたインパルスが起こり、それが松果腺を通って脳下垂体に達するようになります。その人が持つ理想がどのようなものであれ、その理想は上へ押し上げられ、心の中に具体的な形を表すようになります。ですから、その理想が物質的なものであ

11 アッピア街道、あるいは銀の紐と呼ばれるものはヨガではスシュムナー管と呼ばれ、また内分泌腺に対応する諸中枢はチャクラと呼ばれている。

れば、世俗のものに対する執着や偏向がますますわたし達の中に蓄積されていくことになります。一方、その理想やイメージが霊的なものであれば、霊的成長がもたらされます。霊能力とは、これらの霊的中枢の活動によって覚醒された魂の機能に他なりません。脳下垂体の影響だけを受けてきた人を七年間（これは肉体を構成するすべての元素が入れ替わる期間に相当します）、解剖学的・病理学的見地から研究すれば、霊的法則に従って修養してきた人は「世の光」となることが見出されることでしょう。それとは逆に、物質的な事柄だけを教え込まれた人は、霊的なことを解しないまったくの怪物になってしまいます。[12]

この《銀の紐》と霊的中枢を通してエネルギーが上昇する際、肉体に、はっきりとした波動《バイブレーション》を感じることがあります。わたし達の意識が物事を三次元的に捉えるように、これらの波動も基本的に三つの動きを示します。すなわち、前後の動き、左右の動き、円運動の三つがそれです。これらの感覚は、時に非常に現実味があります。これらの感覚が実際に体の内部に震動や動きを起こすことがありますが、それはあくまで内的なものであり、外に現れるものではありません。もう一つ、広く共通する感覚として、背骨を上昇したり下降したり、あるいは足から体を通って上昇したり、その逆に流れるエネルギーや波動があります。このような感覚を体験す

12　262–20 参照

ると、その時、あるいはその後で、頭が少しふらついたり、軽いめまいを覚えることがあります。いずれにせよ、ここで指摘しておきたいのは、わたし達の身体はさまざまな波動で合成されており、そこに霊的思念が作用した場合の反応の出方は、個人個人で大きな差があるということです。重要なのは、敏感な霊的中枢にはっきりとした肉体的反応がある、ということです。

波動の問題

瞑想についての話を進める前に、波動《バイブレーション》についての基本的な原理を二、三概観しておくことにします。そうしておけば、これから出てくる多数の用語について、また、これから経験することについても理解しやすくなるはずです。

科学の教えるところによると、物質はどんなものでも常に運動しています。そして物質形態の差は、それぞれの物質の振動数の違いにある、とされます。たとえば、水を熱すると水の分子運動が活発になり、蒸気と呼ばれる別の形態に移っていきます。つまり、水蒸気中の水分子は、液体の状態にある時よりも速く振動（運動）しているのです。さて、わたし達の肉体も、食べ物や空気中から取り込んだ物質粒子でできています。しかしながら、これらの物質粒子が肉体全体に均一に混じり合っているわけではありません。肉体の各部分は、それぞれ異なった種類の物質から構成されており、異なった振動数で振動しています。たとえば、神経組織などは他の組織に較べてきわめて高感度にできています。骨と血液を比較すると、骨の方が動きが鈍い構造になっていますし、筋肉と細胞膜を較べれば、筋肉の方が鈍くなっています。このように、同じ肉体であっても部分によって振動数が異なります。これらの異なった部分のすべての振動が合成されて、体全体の波動を決めることになります。また、この波動は絶えず変化しており、たとえば病気になると、病気の種類はどうあれ、この波動を乱します。この波動の振動数が高いほど、あらゆる種類の影響力に敏感になります。

瞑想についての理解が増すにつれ、わたし達は身心に生じる様々の波動に気づくようになります。深い瞑想に入ろうとした場合、霊的な力の感受力は、内的なものであれ外的なものであれ、初めのうちは肉体の五感に制限されます。というのも、この段階のわたし達はまだ、五感を通してのみ三次元世界に現れるものを知覚するからです。また、わたし達が肉体感覚を完全に超越して、拡大した世界に進むことが出来るようになったとしても、元の世界に戻った時には、そこで獲得した概念を意識の上で理解するには、三次元世界の言葉で表現しなければなりません。

内なる生命の放射物である波動は、霊力が物質化した一つの形態であり、生命そのものが発する放射力です。波動が上昇した場合、それが作用するのは人体の中で波動に敏感な中枢だけであり、そうでなければ波動の上昇を知ることはできません。これらの波動が霊化されると、想念波や普遍的な力として外界に放射することが可能になります。たとえば、暗示によってその力を特定の人物に向けるよう誘導すると、その力を向けられた人物はその影響を受けるようになります。[13]

波動という視点で、体に及ぼす想念の影響力について考えてみましょう。すべての想念は、振動数の異なる波動でできています。わたし達の食べ物が肉体を形成するという点で、わたし達が何を食べるかが重要であるように、精神のパターンを形成する要素として、わたし達が何を考えるかは重要なことです。「心は形成者である」とケイシーは言っています。建築技師は原材料から波動の高い形を作り上げていきます。ましてわたし達は、自らの想念の波動を、人を助ける以外の力として用いることは厳に慎まねばなりません。

13　281―7の答え14、281―12の答え12も参照

精神体の準備

自己の浄化

瞑想中に精神体に何が起きるか、考えてみましょう。「心は形成者であり、肉体はその結果である」とケイシーは言います。心は、肉体的な性質と霊的な性質の両方を帯びます。わたし達の大半は、心の中のほんの一部しか意識していませんが、わたし達が意識しているこの部分を「顕在意識」と呼びます。それに対して、記憶の貯蔵庫とか、肉体を四六時中監視している部分として、「潜在意識」と呼ばれる意識領域があります。この潜在意識については、最近の心理学をもってしても未だ充分な解明はされていません。この顕在意識と潜在意識の他に、さらにもう一つの意識領域があります。これは「超意識」とか「魂の心」と呼ばれます。（もちろん、これらの名称は、わたし達の不完全な理解力を補うための便宜的なもので、一つの力の異なった働きを明確にする以上のものではありません。）

瞑想によって、わたし達は自分の心を正しく機能させようとします。また、意志力によって、肉体の心がウロウロとさまよい歩くことを制止し、理想の上にしっかり据えようとします。そしてこの理想が、より高次の精神にもたらされ、結果として生じてくる活動の土台になります。

わたし達の掲げる理想や目標が超意識の心に正しく調和していると、超意識は五感のどれかを通して、肉体の心と体を益するものを、わたし達の（顕在）意識の中に送りこんできます。このような形で高次の精神が働いているという証拠は、わたし達がそのことを理解しようとさえすれば、誰にでも現れます。しかし、理想と目標が魂の心に調和していない状態で肉と霊の間の扉を開こうとすれば、それは自分のもっとも弱い部分を打ち、内面の混乱を引き起こします。

そのため、瞑想を行うには、まず心を浄めなければなりません。神と対面する場面を想像してみて下さい。神と対面するなら、わたし達はどのような準備をするでしょうか。「誰も神に語りかけることはできない。皆、恐れている」[14]と考えてはいませんか。わたし達は、慈愛に満ちた天父に会えないほど、遠く彷徨《さまよ》い出てしまったのでしょうか。神は、わたし達が何を欲しているか、何を必要としているか、よくご存じです。ただ神は、わたし達が心の中に持っている目的に応じて、それを与えて下さるのです。

ですから、まず心と体を浄め、祈りによって自己を捧げましょう。憎しみや貪欲、悪意をわたし達の心から遠ざけ、それらの代わりに愛と慈しむ心を培いましょう。ま

14 281–41

た、謙虚の徳を養いましょう。神を知るには謙虚でなければならないからです。心を開き、熱心に求め、自分の内にある罪を自覚し、道を示して下さることを願いましょう。こうして用意ができたところで瞑想に入るのです。

《全体》との同調

同調の程度は、魂の成長の程度に応じます。物でたとえるなら、ラジオが良い例です。ラジオを同調させると、どのラジオもだいたい同じような周波数のところで鳴ります。しかし、たとえ二台のラジオを隣同士に並べても、それらのラジオが完全に同じ周波数で同調することはありません。その位置によって、同調する波長が微妙に違ってくるからです。同じように、わたし達が自分の意識を神に同調させようとする時も、一人一人の成長の度合いに応じて同調するようにしなければなりません。このような同調は、物事を作り上げていく過程でその完成度が高まるように、一歩一歩成長して行くものです。イエスは「わたしの父の家には多くの館（意識状態）がある。……わたしはそこに行って、あなたがたのために場所を整えよう。わたしがいる所（意識として）に、あなたがたも（意識において）居られるようにするためである」[15]と言われました。

真の瞑想をするには、正しく同調しなければなりません。わたし達の最高の理想であり、無限である神と完全に同調するということは、語ること、行うこと、思うことのすべてにおいて、わたし達の心と意志を、神のご意志に一致させることに他なりません。わたし達は、口先ではなく、本心から次の如く祈ろうではありませんか。「父よ、わたしの意志ではなく、あなたのご意志が、わたしの内に、わたしを通して行われますように。」[16]

自分が正しく同調できているか、それとも同調を失っているかは、何を基準に判断すればよいのでしょうか。わたし達が同胞に対する関心を失った時、わたし達は正しい同調を失っています。兄弟同胞との調和を失っている時、わたし達は創造主との調和を失っているのです。「あなたが祭壇に供え物を献げようとし、兄弟が自分に反感を持っているのをそこで思い出したなら、その供え物を祭壇の前に置き、まず行って兄弟と仲直りをし、それから帰って来て、供え物を献げなさい」[17]、あるいは「心を尽くし、精神を尽くし、思いを尽くして、あなたの神である主を愛しなさい、また、隣人を自分のように愛しなさい」[18]と聖書にある通りです。

15 ヨハネ一四・二一～三
16 262–3
17 マタイ五・二三～二四
18 ルカ一〇・二七

霊体の準備

魂について

　瞑想を通して、わたし達は自分の中にある霊的な力に気づき、また瞑想によって、肉体と霊体の間の扉の鍵を開けることになります。魂からのインパルスは、この扉を通して、肉体的、物質的な次元に現れようとします。

　わたし達の魂は多くの能力を与えられていますが、それらは肉体の感受能力に制限されます。魂は常に在り、その真の目的として、創造主との真実の関係を常に表そうとします。わたし達は瞑想を通して、それを可能にし、その道を開きます。

「自分が魂を所有しているとは思えません」などと言う人がいます。わたし達が魂を所有しているのではなく、わたし達一人一人は魂そのものなのです。そのことを知るべきです。この肉体は、一時の仮の宿に過ぎません。この肉体を脱ぎ捨てた後には、わたし達は別の意識状態、別の経験世界へと向かいます。

　わたし達が希望を抱いたり、より良いものを望んだり、あるいは後悔したり喜んだりできるという事実は、もともとこの世のものではない何か、肉体の死後も決して消滅することのない何かを、わたし達の精神が持っていることを示しています。このような精神の働きは、わたし達の霊的中心である魂から来ます。聖書にも、神は人間に生命の息を吹き入れられ、それによって人間は生けるものとなった、[19]とありますが、これはわたし達が単なる肉体的存在以上のものであることを教えています。

つまり、人は誰でも、神の属性を与えられた魂であり、創造の力を持ち、父なる神と一つになる力、キリストとともに共同相続者となる力をもっているのです。

19 創世記二・七

理想を定める

瞑想の方法は、瞑想する人の数だけ存在する、と言ってもよいでしょう。瞑想を、この世の試練から逃避する手段にする人もいれば、知識に至る道、神に至る道にする人もいます。様々な種類の瞑想法があり、どの方法にも、それぞれ信奉者がいます。しかし、本当に大切なのは、その目的と理想にあります。どれほど芳《かぐわ》しい香りをもってしても、どれほど美しい音楽をもってしても、利己的な心を創造主である神の御元にまで高めることはできません。瞑想の煩瑣《はんさ》な形式を守るよりも、わたし達の心が、悪意や憎しみ、貪欲、利己主義といったものから自由になっていることの方が、遥かに大切です。形式にこだわったり、惑わされたりせず、なぜ瞑想するのか、その根本的な理由をよく吟味し、その理由をわたし達が持ち得る最高の願いと調和させるようにします。

深い真の瞑想に入ると、わたし達の内部にはっきりとした変化が起きます。想像力やインパルスが、肉体的な活動を引き起こすのです。このインパルスの源は、わたし達の心から肉的な欲望や思いを遮断することで立ち上がります。魂の座を住処《すみか》とするこれらのインパルスがわたし達の内部に起こるわけですから、変化は自然に起きます。では、わたし達の掲げる理想、喚起するイメージ、身に帯びる召命の印[20]とは如何なるものであるべきでしょう。それは、自分の力の及ぶ限り自らを奉仕に役立てたいという、わたし達の内にわき上がるもっとも高き願いに一致するものでなければなりません。そして、その一致がある時、わたし達は神の子羊であるキリストの印を身に帯びることになります。瞑想の中でこの理想をかき立てられたなら、わたし達はまさに創造力のただ中に入ることができるのです。[21]

しかしながら、自分の精神的属性を誤用し、自分を曇らせていると、わたし達の内には不完全なイメージしかわき上がりません。

肉体を静めることだけが目的ならば、瞑想ではなく、もっと直接的な方法を利用すればいいでしょう。瞑想には、もっと別の目的があります。すなわち、高い霊的

20　「召命の印」とは神に召し出されたことを証するもの（理想や霊性、奉仕への熱意など）を意味する。

21　281–13

意識に到達することが深い瞑想の目的であり、目指すところです。そのためにも、高い理想を掲げ、その理想にわたし達の意識を向けることが大切です。そうすれば、当然の結果として、肉体は静まり、遊離しバラバラであった意識の焦点が一つに定まり、内的感覚が高まってきます。意識を理想に集中している間、わたし達は、自らの全存在を尽くして達し得る、最高の覚醒状態に到達したいという願いを持たなければなりません。これは、祈りの言葉《アファメーション》に意識を固定せよと言っているのではありませんん。大切なのは、内なる自己が神にまみえんことを強く願うことであり、その願いを他の事柄によって邪魔されたり、損なわれることがないようにすることです。肉体の静まりは、外の刺激に意識を集中することで達成するべきではなく、内なる霊的努力の結果として得るべきです。

諸力の働き

瞑想している時ほど、諸力《フォース》の働きを敏感に感じることはありません。この諸力のことを、わたし達は心霊的《サイキック》な力と呼んだり、オカルト、直感力、宇宙的な力などと呼んでいます。しかしこれらの呼称は、神の多様な働きを表すために付けられた単なる名称に過ぎないことをわたし達は知るべきです。聖書に「おお、イスラエルの民よ。主なるわれ等の神は一つである」[22]とある通りです。

そのような諸力の一例として、わたし達の全存在の体験から出てくる直感力があります。直感力は、わたし達の意識の心を内省的に活動させることで成長し始めます。そしてついには、わたし達の日常生活の体験そのものが、直感的な性質を帯びるようになります。このような状態を指して「沈黙の中に入る」[23]と呼びます。

自分の心の状態を常に把握し、自分自身に生起する個々の体験を、全体の中で明瞭に意識できるなら、その人は「聖者」または「ラマ」と呼ばれます。もしこの能力を現実世界に適用し、かつ、内的には霊性の上にとどまれるなら、その人は「大師《マスター》」となります。

瞑想や内省、あるいは「沈黙の中に入る」ことで諸力の探求をしていけば、豊かな報酬がもたらされます。諸力についての知識を深めることは重要ですが、それが何か不可思議な力であるかのような振りをしてはいけません。イエスは、そのような見せかけとは無縁の生き方の中で、同胞に善を尽くされました。

瞑想によって、《恵みと美と力の御座》をとりまく見えざる力に自分を開く時、キリストを思うことで現れる守護の力を、自分の周囲にまとうようにしましょう。わ

22 申命記六・四
23 282–3 の答5

たし達の意識が、わたし達の理想であるキリストの上にあるなら、破壊的な結果を心配する必要はなくなります。聖書には「見よ、わたしは戸口に立って、たたいている。だれかわたしの声を聞いて戸を開ける者があれば、わたしは中に入ってその者と共に食事をし、彼もまた、わたしと共に食事をするであろう」[24]、「わたしだ。恐れることはない」[25]と約束されています。

わたし達が正しい理想を掲げる時、問題が解決し、それまで躓《つまず》きの石であったものが踏み石に変わるのです。

24 黙示録三・二〇
25 マタイ一四・二七

瞑想の技法

歩くことを覚えたり、話すことを覚えるのと同じように、わたし達は瞑想を学ぶ必要があります。

わたし達は、意志の力で自らの願望を正しく制御し、その願望を通して意識を適切に導く必要があります。

瞑想に役立つポイントを次に挙げておきますので、参考にして下さい。

まず、瞑想法はもっとも心地よい、自分に一番合ったものを選びます。わたし達は成長の程度も様々ですから、自分に適する瞑想も人によって違います。単純な方法が合う人もいれば、いろいろな手順を踏むことを必要とする人もいます。いずれにしろ、瞑想に入る時には、自分の意志を求めるのではなく、真実、神の御心を知りたいという霊的な動機と目的がなくてはなりません。神は霊的な力です。ですから、神を求めるのであれば、道を完成し、自ら道となられたキリストの示された霊的理想を通して、求めなければなりません。自分の理想やイメージを形成する時は、キリストの示された原理に従うようにしましょう。

　次に、身体をきれいな水で清めます。体を締め付けるような衣服は身に着けず、楽な姿勢で座るか、横になります。呼吸法[26]として、（左の鼻孔を指で押さえながら）右の鼻孔から息を吸い、口から吐くという呼吸を三回繰り返します。次に、（右の鼻孔を指で押さえながら）左の鼻孔から息を吸い、（次に左の鼻孔を押さえながら）右の鼻孔から出すという呼吸を、これも三回繰り返します。呼吸が整えられたなら、「愛」と呼ばれる創造力と自分が一つであるという感覚を深めて行き、自らの内なる至聖所[27]に入ります。この時、その一体感を高めてくれる言葉を唱えたり、そういう意識に導いてくれる音楽を静かに流すのも良いでしょう。《創造力》が上昇するのが感じられたなら、その創造力が内なる眼（肉眼のことではありません）を通して広がっ

26　ヨガにこれとまったく同じ呼吸法がある。これもまたケイシーの情報の普遍性を証する一例である。

27　ユダヤ教で使われる幕屋の最奥部を指す言葉であるが、リーディングでは人間の最奥部である魂の座、最上位の霊的中枢を指す。

ていくのを見るようにします。創造力が広がっていくと、肉体に生じる様々な感覚にどのように対処すれば良いか、もっと理解できるようになります。また、各中枢固有の経路を通じて入ってきた新しい創造力に中枢が反応する際に、その中枢の発する音楽が聞こえることもあります。このようにしてわたし達は、瞑想というものが、わたし達を肉体的にも、精神的にも、霊的にも新たにしてくれることを少しずつ知るようになるのです。

経験例

一　頭や額に涼しさを感じる人もいます。[28]

二　瞑想中に、体が左右に揺れたり、前後に揺れているような感覚を覚える人もいます。場合によって、体の中で回転するような動きになり、頭の中が充溢《じゅういつ》するような感覚がしたり、ぐるぐる回るような感覚を覚える人もいます。

三　尾てい骨のあたりに脈動を感じる人もいます。これは、下位の生殖中枢から来る神経のインパルスが、肉体の様々な機能を司る他の腺中枢に流れ込むことで

28 「天使の息」あるいは「大師の息」とも呼ばれる。281–5 参照

生じます。この状態を無理矢理起こそうとしてはいけません。むしろ、自分がそのような力の発現経路となれるよう、身心を整えます。

四　体内を波動《バイブレーション》が上昇し、ついには頭部がその波動で満たされるような感覚を経験する人もいます。この内なる波動を下位中枢から経路に沿ってすべての中枢を通過させ、最上位の分配中枢――すなわち第三の眼――まで上昇させることができると、わたし達の体は、正しく用いられれば、手を当てるだけで他人を癒すことができるような一種の磁石になります。

五　ある種の感覚が目に現れたなら、それは癒しの波動を意味しています。癒しは、どんな種類のものであれ、自分自身の内に生じさせることができないうちは、ほかの人の中に生じさせることはできません。

六　自分に向かって語りかけてくる不可視の声を聞き始めたら、それは、自分の外からの影響力と交わり、つながり、通じる能力が目覚めてきたことを示します。昔から言われてきたように、神の声を求め、神の臨在[29]を求める願いを自己の意識の内に保ち、強めるならば、それらの経験は《普遍的な影響力》、つまり神の御使いに由来するものになります。これらの経験は、わたし達に様々な意識状

29　神の臨在については第八課参照

態をもたらします。この能力を自己の内において高め、かつそれを自分を益するものとしましょう。不可視の声が、それ以外の力に由来することがないように、気をつけましょう。

七　最終的には、《全体たる神》の臨在の場に達します。この臨在は、声として聞こえたり、感覚として伝わってきたり、ヴィジョンとして見えたり、あるいは《全体たる神》との一体感として感じられます。

まとめ

自己の成長を目的とするなら、今の自分から出発しなければなりません。周囲の状況が変わってくれるのを待っていても、何にもなりません。現在の状況を克服しなければ、次はさらにひどい状態になってしまいます。そして克服すべき最初にして最後の難関は、自己理解にあります。自分という存在を形成し、意味づけている要素は何であるのか、それへの認識が充分でなければ、自分の人生の目的や目標についていて語ることはできません。わたし達の可能性や能力は、きわめて高度に創造されていいます。そのことをしっかり自覚し、完全に発現された意識以外のものに甘んじることがないようにしなければなりません。

　瞑想は、自己理解を深める上で、もっとも安全で確実な方法です。多くの人にとって、真実の世界は閉じた扉の向こう側にあります。瞑想は、真実の世界を隔てている扉を開ける鍵だといえます。自己を習い、自己理解を深めましょう。これは命令であると同時に、請願です。闇雲に探すのではなく、信仰をもって「高潔な自己」を求めましょう。[30]瞑想の取り組み方やその成果は、人によって異なるでしょう。しかし、その目指すところは同じ理解、同じ意識の到達点、同じ覚醒状態にあります。この目標を達成するには、次の二つの態度が特に重要です。

一　真理を求める強い気持ちを持つ。
二　前進するための努力を忍耐強く払う。

　瞑想は、継続して規則正しく行うことが大切です。気の向くままに瞑想をしたり、しなかったりという程度では、あまり成果は上がりません。高い理想をかかげ、規則正しく内なる自己を目覚めさせるようにしましょう。

　瞑想に費やした努力は、最後には必ず報われます。毎日わずかの時間を自己探求に向けさえすれば、他のどんな活動にもまして、大きな平安と喜び、真実の幸福が

30　281–7の答11と14参照

自分のものになります。それにもかかわらず、どれだけ多くの人が毎日を無為に過ごしていることか。まず初めに天の御国を求めましょう。その御国はどこにあるのでしょう。自己の内です。主が語られたことは最初から今日まで真実です。神を求め、わたし達の肉体こそが生ける神の神殿であることを知りましょう。神は、この神殿にて、わたし達に会って下さることを約束されたのです。

　わたし達は恐れているのでしょうか、恥じているのでしょうか。わたし達の内にある幕屋[31]にて神と会っていただくことを恥じなければならないほど、わたし達は機会をないがしろにし、自分の心を卑しめて来たのでしょうか。もしそうなら、わたし達はまず自分の魂の住処《すみか》である肉体を正すことから始めなければなりません。

　わたし達の身体には、肉体と魂をつなぐ霊的中枢があります。五感からの信号を脳に伝達する神経繊維や神経叢が実際に存在するように、これらの霊的中枢も現実に存在します。聖書には「白銀《しろがね》の糸は断たれ、黄金《こがね》の鉢は砕ける」[32]とありますが、この「糸」や「鉢」が霊的中枢を表しているのです。すべての魂にとって、探求の最終的な到達点は、神をありのままに知ることにあります。瞑想することで、わたし達は日常生活の中に神を知ることを得、また瞑想によって、わたし達は到達点に向けての次なる段階を与えてくれる「死」という変化に備えることになります。

31 モーゼがシナイ山で十戒を授かった後、神の命令に従って作ったテントの礼拝所。契約の箱が安置され、神が現れてモーゼと語らう場所になった。モーゼに率いられてエジプトを脱出する時には、イスラエル民族の荒れ野の旅に伴って移動した。出エジプト記二五～二七章にその営造法が細かく記されている。転じて霊が宿るための肉体を意味する。

32 コヘレト一二・六

神は如何なる存在なのでしょう。わたし達は、明日何を食べようか、何を着ようか、そんなことだけに心を奪われていませんか。もしそうなら、わたし達は信仰の薄い人間、望みの低い人間、と呼ばれても仕方ありません。わたし達は、自分が神のものであることを忘れてしまったのでしょうか。神は、わたし達の造り主です。神は、わたし達が滅びるのを望まれません。しかし神は、わたし達が神との関係に気づくかどうかということすら、わたし達に任されました。神に至る道は――神を知りたいという願いがあれば――わたし達の魂の住処《すみか》である肉体の内に見出されます。わたし達は、自分の身心から、障害となるもの、障害となり得るものを一掃することで、神を知りたいという願いを実行に移すことになります。聖書にあるように、神は天から降りて来ることもなければ、海を越えて来ることもありません。[33] 実に、わたし達自身の心と意識の中にこそ、神を見出し得るのです。

わたし達は、自分の兄弟にすらしようとしないことを、自分にしてくれるよう神に求めてはいませんか。そうだとしたら、わたし達は利己的であり、決して神を知ることはできません。なぜなら、聖書にあるように、わたし達が兄弟のうちのもっとも小さき者に為すことは、すなわち造り主たる神に為すことに等しいからです。[34] これは単なる成句《フレーズ》ではありません。神を知ろうとする誰もが必ず体験することです。

33　申命記三〇・一一～一四

34　マタイ二五・四〇

神は今日においても見出すことができます。神を知ろうとするなら、わたし達は神の方を向かなくてはなりません。そして、神が直接わたし達に会って下さることを期待し、希望し、また、そのように行動しなければなりません。造り主との関係を知りたいと欲している者のところに主は来たりて、「わたしだ。恐れることはない」[35]と語りかけて下さいます。

常識では理解できない要素があるために、瞑想に不安を覚える人がかなりいます。そういう人は「自分にはわからない」という一言で片付けようとします。でも、どうしてでしょう。わたし達は造り主を知る機会に鈍感になり、その機会を活かせなくなったのでしょうか。それほどわたし達は自分自身の心と体と意識の価値を卑しめてしまったのでしょうか。

心と体の浄化が必要です。祈りの中で、自分自身を捧げましょう。謙虚な心を持ちましょう。なぜなら、神を知るには、謙虚でなければならないからです。道が示されることを熱心に願い、心を開き、求め、罪を悔いる気持ちで進みましょう。

そして道が示されたなら、その道から顔を背けることなく、わたし達に与えられたヴィジョンに忠実であるようにしましょう。「汝らわたしを呼べば、わたしは聞き、速やかに答えん」[36]という約束の通り、主が語りかけて下さいます。神が語りかけて

35 マタイ一四・二七

36 詩編一〇二・二参照

下さる時、わたし達のものである機会と栄光に心を開きましょう。瞑想によって自分の意識をキリスト意識に同調させることで、わたし達はその機会と栄光を受け取ります。ここに至って、わたし達は真実「他の者たちは、したいようにさせておきましょう。しかしわたし達は、生ける神を崇めます——しかり、生ける神に仕えます」[37]と言うことができます。

大いなる試練の時ですら、神はわたし達のそばに居て下さいます。神はわたし達の右手よりも近くにおられるのです。否、神は、わたし達の心の戸口に立っておられるのです。わたし達は、神を心の中に招き入れようとするのでしょうか、それとも追い返してしまうつもりでしょうか。[38]

37 ヨシュア二四・一五参照

38 281–41 参照

注

(1) ケイシーによると、祈りの言葉の中で太字で表された箇所は、特定の霊的中枢に対応するという。「天」と「栄光」は最上位の中枢である脳下垂体、「御名」と「御力」は六番目の中枢である松果腺、「意志」と「御國」は五番目の中枢である甲状腺、「糧」は一番目の中枢である性腺、「負債」は三番目の中枢である太陽神経叢、「嘗試《こころみ》」は二番目の中枢であるライデック腺、「悪」は四番目の中枢である胸腺にそれぞれ対応する。リーディング（281–29）は、この主の祈りを唱える時には対応する霊的中枢を意識しながら祈ることを勧めている。

第一課　協力

最後にいう。あなたがたは皆、心をひとつにし、お互いを思いやり、兄弟として愛し合いなさい。

（第一ペテロ三・八）

アファメーション

わたしの意志ではなく、おお主よ、あなたの御意《みこころ》がわたしの内に、わたしを通して行われますように。

わたしがさまざまな形で接するすべての人に対して、わたしを今日、いま、祝福の水路として下さい。

わたしが（心の奥深くに）入る時も、（そこから）出る時も、いつもあなたがわたしに望まれるものと調和していますように。

あなたに呼ばれる時、わたしは答えます。

「わたしはここにおります。どうかわたしを遣《つか》わし、わたしを用いて下さい」

（262―3）

第一課　協力

（本課はリーディング262—1から262—5に基づく）

はじめに

「協力」という言葉は一般に、他の人達と力を合わせ、一緒になって何かをすることであると定義されます。しかし霊的《スピリチュアル》な協力には、もっと深い意味があります。すなわち「自分」という想いをなくし、神の祝福が周囲の人々に流れるための水路になることを意味します。これこそが、協力を実践している姿です。霊的な協力であれ、肉体的・物質的な協力であれ、そこには具体的な行動がなければなりません。目的を同じくする人々がその実現のために集まるのであれば、目標を追求し実現を目指す中で、それぞれの行動や行為が一つになっていなければなりません。

わたし達の人生は、人々との調和と協力によって最上のものが得られます。それを他人の犠牲の上に得ることはできません。成功している組織はどの組織もこの意味での協力を実践しています。天は、それ自体が、造り主の御手がまことに秩序と調和と統一を与え給うことを高らかに宣言しています。[1] 自然界のあらゆるものが、この同じ法則に従っています。たとえば、人体の各部は、他の部分の働きを意識することなく各々に与えられた役割を果たしていますが、それでもなお他のすべての部分と完全に依存し合っています。

《理想》[2]の内に自己を失う時、協力は自然に生じてきます。主の前に謙《へりくだ》り、自らを奉仕に差し出し、自己犠牲を厭《いと》わぬならば、それは当然の帰結といえるでしょう。社会に対する協力にも、同じことがいえます。わたし達を取り巻く社会の状況がどのようであれ、わたし達はその状況に応じて対処していかなければなりません。わたし達が社会の高い可能性を見続けることが、社会を向上させることにつながるのです。それが社会への協力です。

1 詩編一九・二参照

2 リーディングで「理想(Ideal)」という時、多くの場合、人間の最高の理想である「キリスト」を意味する。

協力に必要なこと

わたし達はまず「思い」において協力しなければなりません。思いが対立すれば、自分達の成長を遅らせるばかりか、わたし達を助けようとする人々との間に障害を積み上げることになります。イエスは、人が信じようとしなかったために、故郷の村ではあまり多くの奇跡を起こしませんでした。[3] 思うこと、考えることは、それ自身が行為であり、それは奇跡を生み出すものにもなれば、犯罪にもなります。何かの目的を達成したり、到達点に至るには、あるいはまた、自分や人々のために祝福を得ようというのであれば、心を一つ、目的を一つ、目標を一つにしなければなりません。

自分なりの方法で人の役に立てるように協力していくと、わたし達自身も高められていきます。高められてきたら、わたし達の内にある《創造力》(1)を、ほかの人の人生に希望や平安や理解がもたらされるような形で、また、それによって彼らもまた自分のやり方で祝福の水路になることを欲するような形で、発揮してみましょう。

そして、自分自身をもっとも高い《霊的な力》に同調させましょう。わたし達が神の御意《みこころ》に一致する時、そのような同調が実現されます。

具体的には、自分がいつも次のような意識状態にあるよう心を訓練します。

3 マタイ一三・五四〜五八、マルコ六・一〜六

一　キリストの内に自己《セルフ》を失う。

二　思うことと行いの一つ一つを、自分の最高の意思と目的に調和させる。

わたし達が求めるべきキリストの精神《マインド》とは、どのような心の状態をいうのでしょうか。

祝福の水路になることを求めて自分の精神《マインド》と心《ハート》と魂《ソウル》を開く時、[4] わたし達は、この世の重荷を背負われたキリストの精神《マインド》を所有します。そのようにして、わたし達も自分のいる狭い世界の重荷を引き受けることができます。喜びや心の平安、幸福は、ほかの人のために何かを為すことで、わたし達のものになります。あらゆる面で正しく生きていく法則を理解することが、わたし達の心を《創造力》に同調させます（『神の探求II』第八課参照）。自分の知っていることを行動に移すことによって、わたし達はキリストの精神《マインド》を所有するようになります。

4　マインド（mind）とハート（heart）の訳し分けは難しいので、この課では精神と心にルビを振って区別した。マインドは主に頭脳の働き、ハートは心の働きを意味すると考えられる。

協力を得るには

　さて、ここで次のような疑問がわいてくるかも知れません。「ではどうすれば、そのような状態が達成されるのだろうか。どうすれば、神の御意にかなった目的を持つ個人として行動することができるだろうか」と。この問に答えるには、自分の性質を形作っている一つ一つの小さな事柄に至るまで、自己の内面を見つめる必要があります。わたし達は、毎日の思いと行いを観察し、瞑想によって内なる自己を目覚めさせる必要があります。

　わたし達は、日々の生活の中で、思いと行いをよく調べてみましょう。なぜなら、協力とは、良い思いや行いが現れる水路として自らを捧げることだからです。それは一度に達成できるものではありません。自己を与え続けることで、一歩一歩、教訓に教訓を重ねることでやってきます。わたし達がしっかり自覚しなければならないことがあります。それは、命を得ようとする者は命を与えなければならない。愛されることを望むなら、自ら愛を示さねばならない。友を得たいのであれば、自分が友情を持たねばならない。協力を得ようとするなら、それが人々に光と力を与えるものであれ、健康や理解をもたらす活動であれ、その達成すべきことに率先して自己を差し出し協力しなければならない、ということです。イエスはその完全な体現者です。

否定的な思いを、建設的で積極的な思いに取り替えましょう。誰をも咎《とが》めず、誰に対しても親切に語り、思いやるようにしましょう。わたし達を傷つける人々にも親切な気持ちを向ける訓練をしましょう。わたし達のささやかな親切で誰かの重荷を軽くしてあげられるなら、その機会を逸することなく、親切を施しましょう。神がわたし達に望まれるような生き方を、わたし達は生きるべきです。それを今から始めます。熱心に、辛抱強く実行することです。その時、自分の意識がどのように反応するかに注意を向けましょう。なぜなら、わたし達の人生に平安と調和と理解をもたらすのも、また将来において、わたし達の人生に争いと不安とトラブルをもたらすのも、この心の状態にあるからです。わたし達が正しいことを為そうと欲しても、不安な気持ちがいつもあることに気づくでしょう。しかし、日々これらを心から追い払い、もっと多くの平安と調和、理解で置き換え、それらを潜在する力から、積極的な力にしていかなければなりません。これこそ、求めているものを表現する方法です。

わたし達は誰もが心を一つに、目的を一つにして、神の法則と戒めを求めなければなりません。それは、自分を有利にするために求めるのではなく、ほかの人のために求めるのです。自己啓発のために求めるのではなく、弱い人々へ、わたし達を通して力と勇気が与えられんことを願って求めるのです。まず調和を求めましょう。調和が平安を生み、平安が理解を、そしてその理解が優れた知恵を生みます。

人は、一人では何事も為し得ません。だからこそ、瞑想の中で内なる《光》を知るよう努めましょう。毎日、できれば日の出の時に、祈りと瞑想の時間を持つようにしましょう。肉体を静め、感情を浄め、神を待ち望みます。わたし達が神に近づく時、神もわたし達に近づいて下さいます。

瞑想に入る時は、調和と愛が躍動する様を心に描きましょう。思いと行いの協力について知っていることを行動に移すにつれ、理解を越えた神の平安がわたし達に訪れ、主の水路が実現されます。主は約束されました。主の御名において一つになることを求める人々に対して、神は、力と勇気と喜びと命と光を惜しまれることはない、と。

協力を実現する

主の内にあって完全な協力が実現されてくると、自分が宇宙の《創造力》と一つであることがわかってきます。利己的な関心はなくなり、奉仕の喜びと幸福がわたし達の心を支配するようになります。あらゆるものの中に表現される神の《創造力》がわたし達の内にわき上がるために、わたし達の身心はもっと完全に機能するようになります。夜の帷《とばり》が静かに降りてくるように理解が生まれ、神の永遠の平安がわたし達の心の中に生きるようになります。

このような体験がどのようなものであるかを描写するには、協力を通して光と理解を求めた人々の体験を紹介するのがもっとも良いでしょう。

「協力を体験するにつれて、わたしは霊的《スピリチュアル》な理解という大きな世界に導かれ、自分が神のご意志が行われるための水路であることがわかってきました。」

「試練の時に、スタディグループの人達が協力してくれているという感覚を体験しました。このグループの人達の祈りと瞑想からは、良いこと以外のなにものも来ないということがわかったからです。すべての恐怖心が和らげられ、正義と慈悲が勝利することを確信することができました。満ち足りた気持ちと、何事も喜んで神の御手に委ねる気持ち、『すべて良し』という実感が生まれました。」

「スタディグループの人達の協力のおかげで、わたし自身の人生の目的を、より大きな生命の目的の中にあるものとして捉えられるようになりました。わたし達の協力が最高に現された時には、神の力がこの世に現れるための完全な水路に自分がなっていることを感じることがありました。そのような同調が実現されると、それからしばらくの間、わたしが成長していることを証しするような夢やビジョンを見ました。」

「協力を実現するための努力を誠実に繰り返していると、共に活動するすべての人達と一体であるという気持ちが深められ、また、主がわたし達のそばに居て下さるという感覚をしばしば経験します。これは、『二人または三人が、わたしの名によって集まっている所には、わたしもその中にいる』[5]という主の約束が真実であることを示しています。」

5　マタイ一八・二〇

「瞑想しているときに、スタディグループの一人一人が点となって現れ、完全な輪を作っているのを見ました。輪になっている人達は互いに他のメンバーを名前で呼び合い、祝福しているようでした。そのうち輪は車輪となり、メンバーを表していた点は輻《スポーク》になりました。一本一本の輻《スポーク》はグループの各メンバーを表し、それぞれ水路として車輪の中心から外に放射状に伸びて行きました。車輪の中心にはキリストの光が見えました。その水路を通して、キリストの愛と調和、平安と理解の祝福が流れ出すと、その車輪が回り始めました。これこそが、協力が実践されている姿でした。車輪が回転するにつれてメンバー達は他の車輪も回すようになり、世界を光と愛と調和、真の理解に引き入れる助けをしました。」

わたし達の体験は様々ですが、それぞれの生き方の中で、わたし達の為すことや教えることのすべてに（自分の意志やエゴを出すのではなく）神の御意《みこころ》が現れるよう、目的を一致させ、心を一つにしなければなりません。これがわたし達の目指すべき到達点です。

このような協力を倦《う》み疲れることなく忍耐強く求めましょう。わたし達は、これから霊的な力について学び、理解を深め、高次の力の活発な水路になるための準備をしつつあるからです。わたし達は、さらに良き夫、妻、隣人、友になることでしょう。わたし達の住んでいる小さな世界は、わたし達がその一部となることで、もっと幸福に満ちてきます。周囲の人々に多くの喜びと幸福をもたらし、人に対する神の愛を表すようになるでしょう。

この道は、人類の救済に加わろうとするどの人にも等しく開かれています。わたし達は悲しまず、むしろその目的の喜びに胸を高鳴らせなければなりません。なぜなら、神に選ばれた者の中で、わたし達は最上の幸福を知る者となるべきだからです。願わくば、わたし達の努力が時代を越え、まだ生まれこぬ未来の人々にまで及び、すべての人が万物の造り主である神を知ってすこやかに生きる新しい世が建設されますように。なぜなら「創られたるもので、神によらずして創られたものはない」[6]のですから。

6 ヨハネ一・三

Not my will but Thine, O Lord, be done in me and through me. Let me ever be a channel of blessings, today, now, to those that I contact in every way. Let my going in, my coming out be in accord with that Thou would have me do, and as the call comes, "Here am I, send me, use me."

(262–3)

注

（1）テキスト原文では単語の頭文字を大文字にすることで、その意味に高次の属性を付与している。本書ではそれらの強調された単語は二重カッコ《 》で囲んで表してある。この箇所の「創造力」も単なる創造力 (creative force) ではなく、神あるいは高次の世界に由来する創造力 (Creative Force) であることを意味している。

第二課　自己を知る

汝らはキリストの体にして各自《おのおの》その肢《えだ》なり。

（第一コリント一二・二七）

アファメーション

父よ、わたし達はあなたの御顔を求めています。
どうか、わたし達一人一人が、一個人として、またグループとして、あなたに知られているままの自分を知り、あなたの中の光として、あなたの霊をこの世に現すことができますように。

(262—5)

第二課　自己を知る

（本課はリーディング262—5から262—11に基づく）

はじめに

「あなたは自分のことをよく知っていますか」と質問された時、いったいどれだけの人が「はい」と答えることができるでしょうか。わたし達は誰もが、一度も発揮したことのない能力や才能を溢れるほどに自己の内に所有しています。そういった隠れた能力や才能が発揮されていれば、自己に対する見方、考え方もずいぶん違ったものになっていたことでしょう。また、精神体や霊体(1)との関わりの中で自分の肉体がどのような機能を持っているのか、その本当のところが理解されていたことでしょう。自分自身に対する理解が不十分なうちは、自分自身が自らの成長にとって障害になってしまいます。

さて、自分自身を知るには、まず自分をどのような尺度で評価しようとするのか、どのような規範や考え方に従って評価しようとするのか、それらの評価基準を明確にしなければなりません。その場合、いやしくも自己の本性を知ろうとするのですから、地上的・物質的な物差しはふさわしくありません。むしろ、自己の内に見出される自分自身の本当の《理想》を基準にし、それによって測るべきであり、またわたし達は自分が何を信じているのかを自覚し、その信じるところに従って行動しなければなりません。従って、自分の所有するものによってではなく、自分が分かち与えるものによって評価されることを求めるべきです。

肉体を知る

自己を知るということは、自己の肉体的な面を知るだけでは不十分です。自分が肉体と精神と魂を備えた完成体であり、自己の内と外で起きるあらゆることを把握する能力があることを知る必要があります。しかしそのような知識の泉に触れるには、それに見合った代価を払わなくてはなりません。その代価とは、自らを浄め、捧げることによって、完全に自己を明け渡すことです。それは祈りと瞑想と奉仕によってのみ達成されます。この泉に到る道はまっすくで狭い道ですが、万人に開かれています。命の水は誰にでも無償で与えられます。[1]

さて、一個の完成体としてのわたし達は、私たち自身が大宇宙の縮図であり、宇宙がそうであるように、肉体と精神と霊体の三重構造をしています。これらの三つの身体は密接に関連しあっており、ある身体の波動は他の二つの身体に影響します。特に、精神体は肉体と霊体の両方の属性を帯びており、肉体側にある精神は顕在意識となり、また、霊体側にある精神は超意識になります。

ケイシーは「肉体は生ける神の宮である」[2]という聖書の句をしばしば引用しましたが、そのように、わたし達の肉体は物質世界に現れた《創造力》の様々な構成要素から成り立っています。この肉体を構成するすべての部分は調和して一緒に働かなければなりません。ある部分が別の部分に対立するようなことになれば、当然そこに不調和が現れます。各部分は、それぞれ固有の働きをし、そのどれ一つをとっても不可欠のものであり、他の部分がそれに取って代わることはできません。また無用のもの、無意味なものも一つとして存在しません。

1 黙示録二二・一七

2 第二コリント六・一六

各々の臓器はそれぞれ固有の機能と欲求を持ちますが、それらの欲求それ自体は神聖なものです。わたし達の感覚は、肉体がどのような欲求や本性を持っているのか、それらを拡大してわたし達の意識に伝えてくれます。それらの欲求はわたし達の肉体活動に現れ、ついには、それが人相に現れるほどになります。すなわち、肉体は本質的に、内なる自己を物質的に表現したものであり、内なる自己が持つ欲求はついには外に現れてくるのです。それゆえに、わたし達は自分の持つ思いと願望にいつも注意を払わなければなりません。わたし達の思いや行為は、今生《こんじょう》のみならず、あらゆる生にわたってわたし達の一部となり、わたし達が経験することは、魂のレベルにおいて、未来の自己を形成する部分となるのです。

精神体と霊体を知る

同じように、精神体と霊体が持っている願望は、わたし達の人格を形成します。このような人格形成は、遙か昔から続いてきたのです。遺伝や環境、カルマ、想念波動、さらには霊的世界の普遍的法則の作用など、これらすべての要素が影響します。それはちょうど肉体臓器の欲求と波動が肉体の構成要素を引き寄せ、形成するようなものです。わたし達は、わたし達以前の種の発達の結果であると同時に、一個の魂として創造されて以来続けてきた自己成長の結果でもあるのです。

わたし達は、あらゆる意識状態におけるすべての経験の総計であるといえます。このことをイエスは「父の家には多くの館（意識状態）がある」[3]と表現されました。わたし達の想いと行為は、わたし達の肉体だけでなく精神体と霊体をも形成します。そこでイエスは次のように言われました。「口の中に入るものが人を汚すのではない。口から出るものが人を汚すのである」[4]と。自分の肉体のみを喜ばせるために生きる者は、外見は美しいかもしれません。しかし、それは自己の魂を枯らし、その人が周囲に与えるものは不和と堕落のみということになってしまいます。律法学者《ラビ》(2)[5]とファリサイ人についてイエスは次のように語りました。「あなた方は白く塗った墓に似ている。それは外は美しく見えるが、内は死人の骨やあらゆるけがれで満ちている。そのようにあなた方も外は人に正しく見えるが、内は偽善や不法に満ちている」[6]と。わたし達の思考についても同じことがいえます。それというのも、わたし達は自分が考えているもの、そのものになるからです。

ケイシーは「木は倒れたところに横たわる」[7]という聖句をしばしば引用しましたが、この言葉にある通り、魂はかつて自分が作り出したものを求める傾向がありま

3　ヨハネ一四・二

4　マタイ一五・一一

5　律法を専門に研究し、解釈して民衆に教える教師。学者の多くはファリサイ派に属していた。しかし文字通りの律法順守に拘泥するあまり、律法の精神からはかえって離れて行った

6　マタイ二三・二七～二八

7　伝道一一・三

す。これは物質世界に限ったことではなく、あらゆる次元に当てはまります。その意味は、自分自身について理解が進むにつれてわかるようになります。というのも、どんな経験も、結局は《全体たる神》についての知識をもたらすためのものであり、「わたしと父は一つである」[8]ということを知るためのレッスンに過ぎないからです。

わたし達が《全体》の中に自己を失おうとする時、わたし達は次のような夢を見た人と同じ視点で自分を見ることが可能になります。

「わたしは自分が体をすり抜けていき、肉体と精神体と霊体の三つの体になるのを見ました。最初、肉体が一番大きかったのですが、他の二つの身体が成長するにつれて肉体は徐々に小さくなり、ついには塵の中に消えてしまいました。他の二つはさらに大きくなり、四次元世界を駆けめぐりました。」

わたし達の行為と想いをキリストを基準にして測り、またわたし達の願いがほかの人達への祝福の水路になることだけになった時、わたし達はついに自我意識の消失した状態に達したことになります。その時、わたし達はキリストの精神《マインド》を持ちます。なぜなら、主ご自身もまた、人から仕えられるためにこの世に来られたのではなく、人々に仕えるため、また主ご自身の命を人類のあがないとして与えるためにこの世に来られたからです。

8 ヨハネ一〇・三〇

他人との関係における自己

自分を向上させ、最後までくじけることのない信念をわたし達の内に培ってくれるもっとも大切な自己の拠り所を、他人のお世辞や批判、意見によって捨て去るようなことがあってはなりません。試練に遭った時には、自分自身に対して真実であったかどうか、自己の内面を見てみましょう。わたし達は自分自身に対して真実になれないうちは、他人に対して真実でいることはできないのですから。

正邪、善悪を判断する能力が養われるにつれて、わたし達は自らの運命の主人となります。それは、律法の中の律法である次の教えを守ることにあります。すなわち、「主なる汝の神を心を尽くして愛しなさい…。そして汝の隣人を汝のごとく愛しなさい」[9]と。これは人の霊性に発する願望です。なぜなら、肉の心は妬《ねた》む心を本性とするからです。すべての人の中に、犠牲と愛と奉仕を促す静かな声があります。その声はまた、わたし達が破局に向かっていると警告を発し、あらゆる危険から守ってくれます。その声に耳を傾け、従うならば、一つの過ちも犯さないで済むでしょう。争いが起こることも、家庭が崩壊することもないでしょう。なぜなら、その時わたし達は、隣人のためを求め、また神の意志を求めるからです。

他人の目から自分を観察してみましょう。自分を客観的に見るということも大切

9 ルカ一〇・二七

なことです。今日一日の自分の言動を、次のような観点から反省してみます。「わたしはどうしてこんなことをしたんだろう。わたしは彼（あるいは彼女）にしたのと同じことを神の御前ですることができるだろうか。わたしは日々接する人々に対して、神について自分が理解しているところを反映させているだろうか」と。「わたし達の中で、だれ一人として自分のために生きる者はなく、また自分のために死ぬ者もありません」[10]という聖書の言葉は、まことに真実です。

他人が自分のことをどう思っているかを知ることは、必要なことです。他人から自分の言行不一致を指摘されると、とかく批判されたとか、恥をかかされたという気持ちになりやすいものですが、そのような気持ちを抱かず、わたし達が常日頃口にしている自分の理想によって、進んで自分を評価してもらう姿勢が必要です。自分の言葉と行動が、日頃わたし達がそうありたいと願っているものを反映しているかどうか、言葉と行動が不一致にならないよう、自己を省み、自己を鍛錬するのはわたし達の義務です。

瞑想や自己評価によって自己を知ろうと努力するうちに、わたし達は成長の道標を順々に通過していきます。わたし達は、接する人達を通して、日々小さな光を見、言葉を得、新しい考え方に出会います。そのどの人も、わたし達と同じ道を旅して

10 ローマ一四・七

いることを気づかせてくれます。わたし達が自己をよりよく知るようになれば、それだけ他の人々のことが理解できるようになるのです。同胞を、今の自分と同じ者として、あるいはかつての自分の姿として見ることができるようになれば、彼らに対しても寛容になれるのではないでしょうか。

奉仕が、地上でのわたし達の使命を成就するための道であるなら、「では、わたし達が奉仕すべき兄弟とは誰なのか」という問が起きます。それについてケイシーは次のように答えました。すなわち、奉仕すべき兄弟とは、人種や信条の如何にかかわらず、あるいは敵であろうと味方であろうと、助けを必要とするすべての人がそうである、と。同じ問に対してイエスは次のような定義を与えました。「天にましますわが父の御心を行うものこそわが兄弟、姉妹、母である」[11]と。わたし達が日常活動を、キリストを基準にして測る限り、後悔は決して起きないはずです。主の教えに従う限り、わたし達はより完全な理解に至る道に導かれます。

スタディグループのあるメンバーは次のような啓示を受けました。「自分に正直でありなさい。自分の信条に従って生きなさい。聖なる灯火《ともしび》を地上にかかげなさい。あなたがそうありたいと祈るものでありなさい。主イエスの歩みを、あなたの歩みにしなさい」と。

11　マタイ一二・四九〜五〇

《創造力》と自己の関係

《創造力たる神》との交わりを保つことで、わたし達は盲人が盲人を導くような状況を脱することができ、神の召命によって為すあらゆる行いが、実は、すべてを見通す神によって導かれていることを知るようになります。

わたしが天に昇ろうと、あなたはそこにおられる。
わたしが地獄に床を設けようとも、見よ、あなたはそこにおられる。
わたしが曙《あけぼの》の翼をかって海のはてに住もうと、
あなたの御手はそのところでわたしを導く。

（詩編一三九・八～一〇）

神はわたし達に語りかけ、導き、守って下さる。その事実に気づきましょう。キリストの霊は、わたし達が神の子であることを、今でもわたし達のために証しして下さいます。

魂が創造主に向かって心から叫ぶ時、「義に飢えて渇いている人は満たされる」[12]という主の約束を疑ってはなりません。しかし、主がその約束をどのように果たされるかは、わたし達の知力の及ぶところではありません。神を求めるすべての人は、神

12 マタイ五・六参照

の御名は「われは在りて在る者」(3)であり、神の聖なる宮であるわたし達の肉体の内において語りたまう方であることを知るでしょう。これこそ真の目覚めです。実に、わたし達は肉体と精神体と霊体の三つの身体を備えていますが、それらが愛において、真理において、奉仕において、主と一つである時に完全なものとなるのです。

自己の目覚め

わたし達の肉体、精神体、霊体は三位一体の影に過ぎません。三位のうち、肉体は人間であり、精神体はその救い主に対応します。なぜなら、わたし達は精神の力によって、肉体に現れようとするものをコントロールし、形作るからです。霊体は創造主の似姿に造られ、霊における仲間として造られました。また肉体は、魂が物質世界に滞在している間、魂にとっての住処《すみか》となります。人生のいろいろな経験の中で与えられる機会に自分がどのように取り組むかということが、わたし達がこの世にいる間に、魂と肉体に貸し与えられた力を発揮させるものとなります。

自分の肉体の願望や欲求を知ることが、肉体の目覚めを意味します。肉体の願望や欲求を利己的な形で満足させることは罪になります。聖書の中で人類の祖として描かれているアダムとイブの話に、このことが象徴的に表されています。「女がその木を見ると、それは食べるに良く、目には美しく、賢くなるには好ましいと思われたから、その実を取って食べた。また共にいた夫にも与えたので、彼も食べた」[13]と。

精神の力によって肉体の願望のコントロールが可能な段階になると、それは精神的な目覚めを得たことを意味します。聖書にも「ダニエルは王の食物と、王の飲む酒とをもって、自分を汚すまいと、心に思い定めた」[14]とある通りです。これは、表面的には人生の歓びを犠牲にした生き方に見えますが、精神的覚醒という光の中に立つ人間の姿を描いています。

さらにわたし達が、自己の内なる霊と外の霊を調和させられることに気づき――つまり魂が真に望んでいることが神の願いに等しいことを悟り――また、内なる霊と外なる霊が一つであり、神という同じ源から出ていることを知るに至った時、わたし達は霊的に覚醒したことになります。このことは人々の間を歩まれたイエスの生涯に見事に表されています。

わたし達が《あらゆる善の源である神》に常に心を同調させ、神の霊をもって自らの証人とすることができるように心がけるならば、[15]自然に覚醒に至ります。その時わたし達は、自分達が真実、神の子であることを知るようになります。わたし達

13 創世記三・六

14 ダニエル一・八

15 ローマ八・一六参照

が霊的に覚醒したことの証は、わたし達の忍耐と寛容と辛抱によって、また人の苦しみを望まず、すべての人が《真理》に到ることを望むところによって表されます。これらの徳を日々の生活で実践する時、わたし達は人々を導く者となります。

まとめ

わたし達は《創造力》が流れる水路となれるよう、肉体的にも精神的にも、そのような生き方を心がけなければなりません。わたし達は自分の想いにもっと注意を向けるようにすべきです。なぜなら、想いは行為であり、想いは精神と魂の融合によって生まれる子供であるからです。わたし達は、自分がいつも考えているものになります。わたし達が心に抱いているものがわたし達自身の肉体に刻み込まれ、それはわたし達の魂にとっての食物となるだけでなく、別の世界に移った時に、わたし達の魂が受け継ぐ財産となります。

意志は魂に属するものです。わたし達は、意志を行使することで、自分自身を創造主と一つにすることもできれば、創造主から引き離すこともできます。意志によって、わたし達は創造主と被造物との間に設けられた不変の法則に従うこともできれば、それらの法則を否定することもできるのです。

　建設的な道に従うことを一人一人がしっかり決意しなければなりません。この道は、一人一人が信念に基づいた一歩を踏み出すことを要求します。たとえ肉体的、精神的に苦しい状況に陥ろうとも、この道を歩き通すという強い決意が必要です。わたし達は、内なる《神の力》がわたし達に耐えるための力を、また拒否すべき時には毅然と拒否できる力を与えて下さることを信じなければなりません。自分の必要とすることを考える前に、ほかの人の必要とすることを考えましょう。

　肉体において、精神において、魂において、神の前に認められた者[16]として立つことができるよう願い、努めましょう。肉的な欲求に心が乱されることがなくなるように努めましょう。しばしば次のように自問しましょう。人生における目的が、富や権力や地位を獲得することになってはいないだろうか。肉の欲望を満足させることになってはいないだろうか。それによって自分の魂を失おうとしてはいないだろうか、と。何を選択するにしろ、その選択権はわたし達にあります。キリストはいつでも助けて下さいます。それでもわたし達は自らの意識の扉を閉めようとするのでしょうか。

16 第二テモテ二・一五参照

Father, as we seek to see and know Thy face, may we each, as individuals and as a group, come to know ourselves, even as we are known, that we—as lights in Thee—may give the better concept of Thy Spirit in this world.
(262-5)

注

(1) ケイシーは稀にエーテル体やアストラル体等の概念を借用することがあったが、一般にケイシーは人間を肉体・精神体・霊体の三重構造として説明した。

(2) ユダヤ教の律法では墓は不浄なものとされ、墓に触れた者は律法上汚れた者となった（民数記一九・一六）。このことを防ぐ意味で、国をあげて祝う過越の祭りのときには、その四週間前に墓を白く塗る習わしがあった。

(3) 出エジプト記（三・一四）によると、モーゼ八〇歳の時、神は神の山ホレブに顕現され、エジプトからイスラエルの民を脱出させる使命をモーゼに授けたとされる。モーゼが「イスラエルの民に対して、わたしに使命を授けた方の名前を何と説明すればいいのでしょうか」と尋ねると、神は、「I AM THAT I AM という名の神が授けたと答えよ」と告げられた。

　この"I AM THAT I AM"は、日本語聖書では一般に「われは在りて在る者」という直訳的な訳がなされており、新共同訳でも「わたしはある。わたしはあるという者だ」という訳になっている。この謎のような名前故に、神学者たちもさまざまな解釈を示してきた。

　たとえばカール・バルトは、神は客観的な定義を超えた存在であり、「名前の拒否にこそその本質を持つ」絶対的な「われたること」の告知であると解釈する。また、エルンスト・ブロッホは「わたしは、わたしが有るであろう者であるだろう」と訳し、それを「現実的な歴史状況に未来変革的な力としてかかわり続ける者のしるし」という風に理解する。あるいはユダヤ人哲学者マルティン・ブーハーは「わたしは、（まさに）そこにいるであろう者として、そこにいるであろう」と訳し得るとしている。

一方、リーディングはこの“I AM THAT I AM”にきわめて明解な解釈を与えている。すなわち、最初の“I AM”は自己の内なる霊を表し、次の“I AM”はより大いなる霊、つまり神を表している。つまり、“I AM THAT I AM”は、神の属性をあますところなく反映したところの自己（＝神我）を意味する。あるいは自分（“I AM”）という個でありながら、全体（“THAT I AM”）と一体であることを意味すると考えることもできる。

“I AM THAT I AM”という神の名の中に、すでに自己（“I AM”）を知ることが神（“THAT I AM”）を知る道であることが示されているのである。

さらなる探求を望まれる方は、877–2、1158–9、1376–1、2533–8、3574–2等のリーディングが手がかりになるだろう。

第三課　理想を定める

汝らキリスト・イエスの心を心とせよ。
（フィリピ二・五）

アファメーション

神よ、どうかわたしを憐れみ、信仰弱きわたしを助けて下さい。あなたがわたしにお示しになろうとする同胞の姿を、主の内にも見させて下さい。わたしが崇める主の内に見出すものを、同胞の中にも見させて下さい。

(262—11)

第三課　理想を定める

（本課はリーディング262―11から262―14に基づく）

はじめに

そもそも理想とは何でしょう。理想とは、わたし達が心の中に思い描く完全な状態です。「心は建設者である」とケイシーは言います。わたし達は、それが物質的なものであれ、精神的・霊的なものであれ、心の中で崇拝する対象、愛する対象に向かって努力します。わたし達はまた、自分の経験をもとに自分なりの考え方を形成していきます。問題は、こうして形成した考え方をしばしば自分の理想と取り違えてしまうところにあります。理想とは、あくまで今の自分を越えたところにあるものであり、その理想に向かってわたし達は努力していくわけです。わたし達が単なる考え方を自分の理想だと思いこんでいると、わたし達の魂は成長の方向を失い、内部から崩れてきます。理想はどんな時にも存在します。理想は、わたし達がそれを明確に意識していようとなかろうと、わたし達の人生を動機づける基盤です。

理想は成長とともに高まる

子供の頃に思い描いていた目標は、青年期に立てた目標と較べればずいぶん幼稚なものであったはずです。また、わたし達が子供の頃に持っていた神に対する概念もわたし達の成長とともに深化し、「アバ、父よ」[1]と呼び得る《霊なる神》へと進んでいきます。同じように、わたし達の理想も、わたし達が成長するにつれて拡大し、ついには完全の極致、あるあらゆる善の源、[2]わたし達の魂の起源である《創造エネルギー》にまで到達します。

肉体、精神、霊のそれぞれの観点から理想について考えれば、理想とは、わたし達が自分の人生を形成する時に拠り所とすべき模範《パターン》だといえます。さらに、わたし達は「すべては一つ」という真理に従って、物質的理想と精神的理想を、魂の持つ

1 マルコ一四・三六 「アバ」とはヘブライ語で幼児が父親を親しく呼ぶ時の呼び方で、日本語の「パパ」に相当する。イエス在世当時、人々にとって神は畏怖すべき存在でしかなかったが、イエスは、神を「アバ」と呼ぶことで、神が父親のように親しい存在であることを教えた。

2 ヤコブ一・一七参照

霊的理想に一致させせなければなりません。わたし達は、自分の現状に合わせて霊的な模範を低いレベルに設定すべきではありません。むしろ、その霊的模範に合うように自分を成長させるべきです。なぜならその霊的模範を作り完成させたのは神だからです。

真の理想

真の理想とは、この物質世界において目指すべき最高の霊的到達点です。それゆえ、わたし達の理想は「わたしは道である」(1)と宣せられたキリストの内にこそ見出されなければなりません。キリスト以外の道を登ろうとする者は、自分自身にとって盗人であり、強奪者です。[3] 真理を求める人々は、たとえその表現方法は異なっていても、道としてのキリストを認めます。スタディグループのメンバーは、それを次のように表しました。

「わたしの理想は、イエスがそうであったように、わたしの思うこと、話すこと、行うことが、いつも自己の内なる神我に根ざすものであるようになること

3 ヨハネ一〇・一参照

です。主がわたしにできると言われたことを行い、主の言葉から離れている人達を助けるような生き方をしたいと思います。」

「わたし達の理解の遠く及ばぬ栄光の神よ。どうか、わたしをして汝の栄光をこの世に現しめ給へ。慈悲深き父よ。どうか、汝の御子のために、わたしが神の子であることを我が霊とともに証ししてくださる神の霊を授けてください。[4] わたしの同胞が、真実、あなたと一つであることをわたしに悟らせてください。真の理想に到達できるよう、わたしを新しい生き方、新しい平安、新しい愛、新しい知識、新しい理解に目覚めさせてください。」

「わたしの理想は本質的に霊的なものです。導き手たるキリスト、先達たるキリスト、道たるキリスト。これがわたしの理想です。キリストの道がわたしの道であり、キリストの願いがわたしの願いです。キリストのようになることがわたしの理想です。わたし達は神の子であり、そのような者として生きるべきです。」

4 ローマ八・一六

「わたしの理想は、物質的な形であれ、精神的・霊的な形であれ、神の御心が成されるための完全な水路になることであり、わたし達の故郷である父なる神の元に帰ることです。わたしの希望すること、願うことが、万物を創造されたあの方の内にありますように。」

イエスはわたし達の道であり、模範であり、イエスの内に、実現すべき理想のすべての徳が備わっています。人々の教化と同胞への奉仕についやされたイエスの生涯は、わたし達がイエスの到達された高みに至るために歩まなければならない道のりを示しています。わたし達の一つ一つの言葉や思いや行為が、日々出会う人々に神の祝福をもたらすほど、わたし達がキリスト意識において完成された時、わたし達の理想が真実のものであることを確信できるでしょう。

理想を達成する

理想は、人の手によって作り出されるものではありません。理想は、その基礎を真理である神に置くものでなければなりません。リーディングは次のように述べています。

神から人間に与えられた賜物は、個々の魂である。人の魂は神と一つになることもできる。神と一体であると自覚しつつ、個々の独立した存在として自己を知ることができる。《全体》の属性を持ちつつも、《全体》そのものではないという存在である。

（262—11）

わたし達は、肉体、精神、霊のいずれにおいても、このような原理——つまり全体と一つでありながら同時に個別であること——を理想としなければなりません。誰でも、このような理想に到達することは可能です。わたし達は《理想》そのものになることは決してできません。わたし達に可能なのは理想と一つになることです。このような理想が樹立されたなら、もはや恐れは生じません。その時には、迫害者の中に雄々しく一人で立った預言者ダニエル[5]のような力が、わたし達一人一人にわき上がります。わたし達は、他人の中に父なる神を見出すことで、この理想を達成します。されば次のように祈りましょう。

神よ、どうかわたしを憐れみ、信仰弱きわたしを助けて下さい。あなたがわたしにお示しになろうとする同胞の姿を、主の内にも見させて下さい。わたしが崇める主の内に見出すものを、同胞の中にも見させて下さい。（262—11）

5 ダニエル六

わたし達は、キリストを通して、このような祈りを自分のものにすることができます。楽園を追われた人間の内に輝ける神性を見出すには、あらゆるものを照らして貫くキリスト意識の光が必要です。人を責めるかわりに祝福し、咎めるかわりに愛するには、キリストの心を必要とします。畑の作物は豊かに実り、後は収穫を待つだけになっています。されど収穫のための働き手のなんと少ないことか。[6]だからこそ、不信と疑惑という心の闇が来る前に、わたし達はひたすら働かなければなりません。

すべての人の内に宿る神性の真の意味を把握し、真に神と共に働くこと、これこそがわたし達の受け継いだ遺産です。自己の内なるキリスト意識が高まれば高まるほどわたし達は自由になり、その自由が《理想》を実現させます。

キリストが見るごとくに人を見、キリストの道に自分を進ましめるならば、わたし達の日常の行動や言葉、考え方を通して、自分だけでなくほかの人々の中にもキリスト意識が現れていることを知るようになります。どの人の内にも讃えるべき点を探し、どんな時でも、誰に対しても決して悪口雑言《あっこうぞうごん》を吐いたり、辛辣《しんらつ》な言葉、不親切な言葉を口にしないようにしましょう。

すべきだと信ずることは何事も愛をもって行い、その結果は神に委ねましょう。自

6 マタイ九・三七
ルカ一〇・二
ヨハネ四・三五

己の内奥に見出した目的にしっかりつかまりましょう。主の約束は確実です。たとえ困難な事態が発生しようと、この世にあって、霊的な啓示《インスピレーション》で解決できない状況は存在しないことを知りましょう。苦しいこと、辛いことが起きるかも知れません。しかし、舟の中から荒らぶる海を静めたイエスのように、[7]どんな状況にあっても、煩悶する心を平静にする力が、わたし達の内にはあるはずです。「尋《たず》ねよ、さらば見出さん。門を叩け、さらば開かれん」[8]とイエスは教えられました。わたし達は勇気をふるって大胆に自らの《理想》を生きなければなりません。理想を生きることが人々に希望をもたらすのです。理想を生きることに臆病であったり、誤解を恐れるあまり、わたし達が得てきた希望を人々に分かち合えないとしたなら、わたし達は不安の多い、弱い人間になってしまいます。

7 マタイ八・二三

8 マタイ七・七参照

まとめ

わたし達は霊的な理想を選択しているでしょうか？　自分の人生をその理想にしたがって評価しているでしょうか？　自分自身を誠実に調べ、もし自分の設定した理想がわたし達の目を他人の中の美点に向けさせ、自分の内に彼らの美点を取り入れようとさせるなら、また、神が他人の内にも現れることを悟らしめるなら、わたし達の設定した《理想》は、確かに、わたし達を高め、天父がそうであるように、わたし達を思いやり深くさせることがわかるでしょう。思いやりの心を持つことで、わたし達は理解を越えた平安を見つけることができるのです。

わたし達の《理想》は何でしょう。それは道たるキリストです。キリストはこのように約束されました。「見よ、わたしは戸口に立って、たたいている。だれかわたしの声を聞いて戸を開ける者があれば、わたしは中に入ってその者と共に食事をし、彼もまた、わたしと共に食事をするであろう」[9]と。主の約束は確実です。そうであれば、心から不安を追い払い、安心してキリストの道に進もうではありませんか。

> God, be merciful to me! Help Thou my unbelief! Let me see in Him that Thou would have me see in my fellow man. Let me see in my brother that I see in Him whom I worship.　(262–11)

9　黙示録三・二〇

注

(1)「わたしは道である」（ヨハネ一四・六）というイエスの言葉は、キリスト教に馴染みの薄いわれわれを困惑させるが、この種の概念を受け入れ難く思われる場合は、とりあえず「道」とは、仏教のいう八正道における「道」と同じ意味として考えることも可であると思う。すなわち、イエスの内にわれわれが到達すべき精神性・霊性のすべてが成就されており、霊的成長を望む者はどのような信仰を持とうと、どのような霊的教義を実践しようと、必然的にイエスの示した精神性・霊性を目指して歩むことになることを表している。

第四課　信じる心

なによりも信仰の盾を執《と》れ。之《これ》をもて悪《あ》しき者の凡《すべ》ての火矢を消すことを得ん。

（エペソ六・一六）

アファメーション

神よ、わたしの内に清き心を造り給へ。神を探し求めるすべての者の内に植え給いしあの信仰にわたしの心を開き、神への不信、隣人への不信、自己への不信から、わたしを救い給へ。

(262—13)

第四課　信じる心

（本課はリーディング262―13から262―17に基づく）

信じるとは

信じる心は、魂の属性の一つです。信じる心は、魂が宇宙の《創造力》を知る、その知識に由来します。わたし達は、肉体の五感を通して肉体を認識します。同じように、わたし達は、魂の属性の働きを通して魂を知ります。魂の本性である信じる心を否定し、放棄していると、ついにはわたし達の意識から信じる心が失われてしまいます。信じることの意味を知り、実践するならば、それは山をも動かすもの[1]になります。自分自身の霊的な力の活動によって意識にもたらされるもの、これこそ

1 マタイ一七・二〇、二一・二一、マルコ一一・二三

が信じる心の核《エッセンス》になっていきます。信じるという行為にこのような側面があるために、多くの人は、信じるということは――とりわけ純粋な信仰は――五感による認識範囲を越えて、合理的な裏付けなしに物事を受け入れたり拒絶したりすることであると見なしています。

パウロの伝道旅行に同行したバルナバは、信じる心を次のように定義しました。「信じる心は望むものを造り出す本体であり、まだ見ぬものの証拠である」[2]と。信じるということは、信じるところのものがすでに神に受け入れられたことを知り、一切の疑いをもたず、そのように行動することを意味します。信じる心は、不可能に思えることを実現します。信じる心が、この世に存在するあらゆるものを存在あらしめてきました。[3] 神あるところに、信ずる心もまたあるのです。わたし達の内に信じる心があるという事実そのものが、神がわたし達に対する約束を成就させ給うたことの証拠です。人の生まれながらの特権は、信じる心を育て、信じる心がもたらす実を受け取り、使い、味わうことです。

この物質世界では、わたし達はしばしば「信用」を信じる心と取り違えます。わたし達は、それが人を欺《あざむ》くものであることを忘れて、肉体の感覚に頼りがちです。それは信じる心ではなく「信用」です。信用は、肉体の感覚から生まれてくるもの

2 ヘブライ一一・一参照

3 創世記一章参照

だからです。自分の力では克服できそうにない試練や災難に遭うと、とたんに弱気になり、失望と苦悩の中で叫びます。「神さま、助けてください。わたしはもうだめです！」と。「おお汝、信仰薄き者よ」[4]と大いなる《声》が語るのはこの時です。

自分自身を調べて、わたし達の持っているものが「信じる心」なのか、信用なのか確かめてみましょう。霊的なものは霊的観点から見つめ、霊的に受け取らなければなりません。

「わたしには信仰がある」と語る人の多くも、信仰は精神的な事柄にかかわるもので、物質的なことには適用されないと主張します。「信じています。ですが……」とはよく耳にする矛盾した言葉です。「ですが」という言葉の中に、信じる心とは正反対の疑いの心がすでに含まれています。この物質界に生まれた時に、わたし達は物質法則に支配されるようになったことを思い出しましょう。物質世界では肉体感覚を通して世界を認識しますが、この肉体感覚では霊的法則を正しく認識したり、それを完全に理解することができません。そのために、わたし達の多くは、本当の意味での信じる心をほとんど持てないでいます。

わたし達の前には、理解すべき世界があります。それは宇宙の神秘であり、愛の法則であり、想念の力、信仰という比類なき賜物です。「もし、からし種一粒ほどの

4　ルカ一二・二八

信仰があれば、この山に向かって、『ここから、あそこに移れ』と命じても、そのとおりになる。あなたがたにできないことは何もない」[5]という主の約束を手にしていても、わたし達はつまずき、よろめきます。そのような約束があるのなら、「主よ、わたしは信じます。わたしの不信仰をどうかお救いください」[6]と叫ぶべきではないでしょうか。

5 マタイ一七・二〇
6 マルコ九・二四

信じる心の必要性

わたし達の人生において、信じる心が正しい位置を占めているかぎり失敗はありません。真の成功があるのみです。それゆえ、信じる心は、それ自身がすでに勝利です。キリストは「死に至るまで忠実であれ。そうすれば、あなたに命の冠を授けよう」[7]と語りました。この言葉は、いつも信じる心で満ちていなさい、そして、その報酬として生命《いのち》の無上の栄光を受けなさい、という意味です。肉体的、精神的、霊的成長はすべて、神への、同胞への、そして自分自身への信じる心によることをわたし達は知っています。神を信じ、自分自身を信じる度合いに応じて、わたし達は成長するのです。自分達は神の子であるという自覚を行動をもって世に示し、それに

7 黙示録二・一〇

よって信仰を生きたものにし、神をその言葉通りに信じようではありませんか。それ以外に、真の勝利に到る道はないのですから。

同胞に対する信頼をもっと深めましょう。わたし達がある人に同意できないとしても、その人がわたし達の指示に従わなければ神の計画に一致できないなどと、誰が言えるでしょうか。わたし達の《理想》は、わたし達を通して現れるように、同胞を通しても現れることを思い出しましょう。その現れ方が、わたし達の眼には理想に反しているように思える時でも、同胞を信じることはもっと必要です。

自分を信じることは、わたし達の特権であるばかりか、義務でもあります。わたし達は神と共に働く者であり、自分を疑うことは、わたし達の内在の神を疑うことになります。キリストは「わたしは決してあなたを離れず、あなたを捨てない」[8]と約束されました。また、「わたしを強くして下さるキリストによって、何事でもすることができる」[9]という言葉を思い出しましょう。わたし達は、主の御名において、征服者にまさる者とされるのです。キリストがいつも一緒にいて下さることを疑わない子供のような信仰を持つことによってのみ、わたし達は神の国を受け継ぐことを望み得るのです。

信じる心は、見えるものと見えざるものを結ぶ橋です。あらゆることが自分に対立

8　ヘブライ一三・五
9　ピリピ四・一三

するように見える時、わたし達がなくしてきたもののすべては実は信じる心であった、ということがしばしばあります。このことを心に留めて、万事が順調に運んでいる時にこそ、信じる心を養い、人生の嵐が吹き荒れる時にわたし達をしっかり守ってくれる強固な砦にしなければなりません。主よ、わたし達の信じる心を増して下さい！

信じる心を育てる

信じる心は、それを用いることで養われます。それは教えることも、強いることもできません。また信じる心が本物であれば、それをうち砕くこともできません。信じる心を実践することで、わたし達はほかの人々を啓発することができます。

イエス・キリストの中にあった心が、わたし達の内にもありますように。キリストの心がわたし達の内にあれば、どのような必要にも十分応じられる信じる心がもたらされ、それは、山をも動かす力にもなれば、国の運命を変え、[10] さらには世界を存在あらしめる力[11]にもなります。わたし達はこのことを本当に信じているでしょうか？　信じているなら、どのようにすればそれを達成することができるのでしょう

10 リーディング 3976-8～3976-11 参照
11 創世記一章

か？　瞑想の中で、恵みと美と力の御座《みざ》を取り巻く不可視の力にわたし達の心を開き、またキリストを思うことで生じる守護の力をわたし達の周りにめぐらせることで、これを実現することができます。[12]　そして、わたし達の信じる心に加えて、神の霊をこの世界に表すような働きをしましょう。このようにしてわたし達の信ずる心は養われ、わたし達にとって、まだ見ぬものの証拠になるのです。わたし達が信じていること、わたし達が信ずる心を持っていること、また、自分の手元にあるものを活用することによってより多くのものが与えられること――これらのことをわたし達が知っていることを、日々の行動によって示さなければなりません。

試練の時には、わたし達より遙かに大きな試練にあって人々を支えてきた信仰に思いをはせましょう。わたし達の心に疑念が入り込みそうな時には、肉の声にまさる信じる心を呼び覚ましましょう。わたし達は、《至高者》の子ではありませんか。神がわたし達に与えて下さった信じる心にしっかりとつかまりましょう。そうすれば信じる心が、わたし達の人生の行路に沿って上へと導いてくれます。

「協力」について学び、実践し、「自己を知る」ことで得た知識を活用し、設定した「理想」を堅く守り、自らの「信じる心」を決して挫けさせることがなければ、わたし達は、接する人達の人生の中に、生きた真理を一歩一歩築き上げることにな

12 リーディング 262-3 参照

ります。自分の知っていることを実生活に活かすことで、信じる心が体験の中で養われ、生けるものになっていくのです。このことをわたし達ははっきりと理解するようになります。わたし達の日々の生き方は、わたし達の崇拝するものを反映します。わたし達の中に光を見出した人々が、神の栄光を讃えるものとなるように、わたし達の光を輝かせましょう。

信じる心が豊かになるところ

人生のあらゆる状況でわたし達を支えてくれる「信じる心」は、利己的な愛から解放された心の中にのみ宿ります。わたし達の信じる心は、わたし達を支え、生けるものであり、日々試しては確かで堅実なものであることを知ることができなければなりません。真実の信じる心があれば、そこに恐れは存在しません。父なる神が永遠にわたし達を愛し給うことを心底信じるなら、いったい何が心配の種となり得ましょう。

信じる心に忠実な者には、一歩一歩道が示されます。なぜなら、キリストの言葉はわたし達の歩みを照らす光だからです。道が暗く、障害が越え難く思われる時、主の約束にとどまる者を義の太陽[13]の光が照らします。

信じる心がわたし達の内にある時、わたし達は本当の意味での自由を獲得します。そして、イエス・キリストのみがわたし達の大師《マスター》であるという確信と、父なる神の強い腕に守られていることの確信が得られるようになります。神に守られているという安心と平安は、知性で理解できるものではありません。それは、信じる心のみが見出し得るものなのです。「あなた方が求めるものは何でも与えられる」という古《いにしえ》の約束を成就するものが、信じる心なのです。

必要な自己分析

心の問題を解決することは、物質主義の歪んだ世の中に埋没している人々にはそう思えなくても、人間にとって肉体的なことよりもはるかに大切です。心が自由になれば、戦いは勝ったも同然です。心の苦しみは、肉体的な苦痛よりも大きなものです。肉体の苦痛は心によって克服できますが、苦しむ心を助けるには魂の力が必要だからです。

未開人は、雨を降らせ、太陽を昇らせ、彼らを雷から守ってくれる神を崇めます。

13 マラキ四・二

賢人は、心と魂に平安を与えてくれる神を求めます。では、わたし達は自分が誰を信じているか知っているでしょうか？　もしそうなら、わたし達の目指す理想は、精神の力、想像の力、霊の力から来る絶えることなき信仰活動の土台になります。わたし達はそうすることで、自らの掲げる理想を表現し、実現します。それは、自己を称賛するためではなく、自分が身に受けた祝福を人々に示し、それらの祝福が人々の人生の中にも現れることを求めるためです。

自分の心を調べ、わたし達が神と共に働く者となっていることを確認しましょう。自分を分析し、自分の肉の弱さがどこにあるのか、一番失敗しやすいのはどういうところなのかを見定め、しっかりした信仰によって《理想》を保てるよう、常に自らの霊に活力を与えましょう。

メンバーの体験

「人生が闇につつまれ、進むべき道が見えない時にも、じっと耐えることができるなら、それは信じる心があるという証拠です。人生という海が荒れている時も、逆巻く波の上に踏み出す勇気があるのは、『静まれ[14]、わたしはあなたと共にいる。あなたを置き去りにはしない』と語りかける聖なる賜物がわたし達の存在の中心にしっかり据えられているからです。わたし達はそれを聞いてきました。この声は、わたし達が聴き入るための時間を取りさえすれば、いつでも聞くことができます。」

「疑いの心が起こり、絶望の暗雲が身に迫る時、『わが神、わが神、なぜわたしをお見捨てになったのですか』[15]とわたし達は叫ばないでしょうか。それに対する答は得られないのでしょうか。わたし達は、苦しい体験を通して強められ、同胞の苦しみについても、より深く理解できるようになるのではないでしょうか。」

「数年前のことですが、ある有名な洞窟を訪れるツアーに参加したことがあります。誰もがみなとても満足そうでした。ところが、その洞窟に入ってしばらくすると、わたしはとても恐ろしくなってきました。『出口がわからなくなったらどうしよう。みんなどうなるのだろう』という不安が起こってきました。空

14 マルコ四・三九

15 マルコ一五・三四

気さえわたしの上に重くのしかかってくるように感じられ、そこで何年も過ごしたような気がしました。その時、わたしを幾度となく支えてきてくれたあの声が聞こえてきたのです。『見よ、わたしはいつもあなたといる』[16]。『恐れることはない』[17]と。これらの言葉と一緒に、信じる心が強められました。」

「愛する人を苦しみから救い出したくても、具体的な形で何も助けられない時、わたし達は祈りによって助けがもたらされることをしばしば経験します。これは、父祖たちが持っていた信仰が今も復活することの証拠ではないでしょうか。神の約束が確実であることを心から信じられるのは、苦しい時だけでなく、どんな時にも、わたし達にとって最大の慰めです。」

信仰の報酬

信じることで得られる報酬は、わたし達が実践する信仰に比例します。イエスは「あなたがたの信じているとおりになるように」[18]、あるいは「信じて祈るならば、求

16 マタイ二八・二〇参照
17 ヨハネ六・二〇
18 マタイ九・二九

めるものは何でも得られる」[19]と語りました。この報酬に限りはありません。報酬の量を決めるのもわたし達であれば、それを要求するのもわたし達なのです。聖書に「わたしが天の窓を開いて、あふれる恵みをあなたがたに注ぐか否か、わたしを試してみよ」[20]とある通りです。

　自分を祝福の水路として開き、神への全き信仰を持ちましょう。なぜなら、この戦いは主のものだからです。[21]わたし達が惜しみなく自らを父なる神の御手に委ねたなら、あとは、自分に何ができるかを見出すだけです。イエスは約束されました。「わたしは父にお願いしよう。父はあなたのために別の弁護者を遣《つか》わしてくださるだろう。あなたをあらゆる真理に導いてくれる真理の霊すら遣わしてくださるだろう」[22]と。

　パウロはヘブル書の中で次のように語っています。「これ以上、何を話そう。もしギデオン、バラク、サムソン、エフタ、ダビデ、サムエル、また預言者たちのことを語るなら、時間が足りないでしょう。信仰によって、この人たちは国々を征服し、正義を行い、約束されたものを手に入れたのです。しかし、この人達はすべて、その信仰ゆえに神に認められながらも、約束されたものをすべて手に入れたわけではありません。[23]神は、わたし達のために更にまさったものを下さったのです。彼らは、

19 マタイ二一・二二

20 マラキ三・一〇

21 サムエル記上一七・四七、申命記二〇・四、歴代誌下二〇・一五参照

22 ヨハネ一四・一六、一六・一三参照

23 ヘブライ一一・一三

イエスによって完成された救いの道をもたなかったが故に、わたし達に許された完全な状態には達することはできなかったのです。(1)

こういうわけで、わたしたちもまた、このようにおびただしい証人の群れに囲まれている以上、すべての重荷や絡みつく罪をかなぐり捨てて、自分に定められている競争を忍耐強く走り抜こうではありませんか、信仰の創始者であり完成者であるイエスを見つめながら」[24]

Create in me a pure heart, O God. Open Thou my heart to the faith Thou hast implanted in all that seek Thy face. Help Thou mine unbelief in my God, in my neighbor, in myself. (262–13)

24 ヘブライ一一・三二～三三、一二・一～二

注

(1) ケイシーによれば、イエスが信仰による霊的救済の道を完成する以前、人は信仰のみによって輪廻を越えるほどの霊的成長を達成することはできなかったという。イエスが人類のために信仰による霊的救済の道を完成させたが故に、イエス以降の人々は、信仰によって霊的な地位を回復することが可能になったという。より詳しくは、拙訳『キリストの秘密』(たま出版)をお読み下さい。

第五課　徳と理解

終わりに言はん、兄弟よ、凡《およ》そ真なること、凡そ尊《とうと》ぶべきこと、凡そ正しきこと、凡そ潔《いさぎよ》きこと、凡そ愛すべきこと、凡そ令聞《よききこえ》あること、いかなる徳、いかなる誉《ほまれ》にても、汝等これを念《おも》へ。

（ピリピ四・八）

アファメーション

どうか徳と理解がわたしにありますように。おお、主なる我が贖《あがな》い主よ、あなたの中にわたしの守りはあります。あなたはこころ直き者の祈りを聞いて下さるからです。

（262―17）

第五課　徳と理解

（本課はリーディング262—18から262—20に基づく）

はじめに

まず本課のテーマである「徳」と「理解」という言葉の定義について明確にしておきましょう。徳あるいは理解は、一般にわたし達の情緒的あるいは知的な活動を指して使われています。しかし、ここではもっと完全な意味でこれらの言葉を使うことを覚えておいて下さい。すなわち、この課で考察する「徳と理解」は、魂から来るもの、わたし達の霊的力の表れであり働きを意味します。では魂あるいは霊からくる徳とは何でしょう。考察の土台として、わたし達の純粋な目的に忠実であることを魂の徳であるといたしましょう。徳とは、霊性の促すところに完全に協力することです。そのような徳は人々を感化し、霊的成長の道を彼らに示します。徳とは、わたし達を《創造力》に常に一致させることです。それによってわたし達は、他人から見られている通りの真実の自分を知ることができるようになります。[1] 徳とは、主の中の主、王の中の王であるキリストの理想をしっかり守ることを意味します。徳とは、心の純粋さ、魂の純粋さ、精神の純粋さであり、そのような純粋さはわたし達の霊と共に証しする神の霊によってもたらされます。[2] 徳は、信仰の芳香であり、希望の核であり、真理の最上の要素であり、神の属性です。

また真の理解は、五官にもとづく思考を越えています。真の理解とは、神である《創造力》がどのような法則に従って人間の肉体・精神体・霊体に現れ、それらを通して働くのか、それらの法則を体験し、解釈する力です。徳のあるところには理解があります。なぜなら、魂の徳と理解は車の両輪のような関係にあるからです。霊的な理解は徳の報酬であり、徳には理解が伴います。徳と理解は、ほぞに対するほぞ穴であり、互いにかみ合う関係にあります。知識は必ずしも理解をもたらしません。毎日、多くの人が奇跡を体験していますが、そのことを理解できる人はほとんどいません。単なる知識では理解に至ることができないからです。人生の神秘は、

1 マタイ一二・三三、ルカ六・四三

2 ローマ八・一六。「神の霊による証し」とは、われわれの霊性が高まり、神との豊かな交わりがあることを指す。そして、心と魂の純粋さはそのような親交の恵みとして得られる。

神の御座に近づこうとする者にのみ理解されます。星の運行や、数学の難解な公式、科学の秘密などは知ることができるかもしれません。しかし、神の法則を理解しようとするなら、人は神の法則の傍観者であってはなりません。むしろ、自分が神の法則の一部であることを気づかせてくれるような、神との親密な関係を経験しなければなりません。ステパノが(1)「ああ天が開いて、人の子が神の右に立っておられるのが見える」[3]と言った時も、彼の言葉を理解する人にとって、それは奇跡ではありませんでした。また供給の法則を理解しておられたキリストにとって、わずか五切れのパンと二匹の魚で五千人を満腹させたことも、(2)何ら奇跡ではありませんでした。スタディグループのあるメンバーは次のようなリーディングを得ました。「見よ、わたしはこの部屋にあなたと共にいる。あなたがわたしを選んだように、わたしもあなたを選んだ。あなたの知る道を守り、あなたが歩んできた道を歩むがよい。神はいかなる試練においてもあなたを救い出すことができる方であり、忠実な者には命の冠が与えられるのだから。わたし（キリスト意識）があなたの意識の中で引き上げられるにつれて、他の人の意識の中でもわたし（キリスト意識）が引き上げられるようになる」と。このようなメッセージをわたし達が聞くには、神の法則（愛）を理解していることが要求されます。このような理解があれば、ほかの人達との間に

3 使徒七・五六

も、より高貴で誠実な関係が築かれ、自分自身に対しても高い霊的認識が得られます。わたし達は徳と理解を結びつけていますが、それは、この二つが魂の働きを表しているからです。心の中で培われた徳こそが、真の理解へ至る確実な道です。知識は、それが理想と調和し一致している場合にのみ助けになります。さもなければ、知識はかえって障害となり、呪いとなり、抜け出すことの難しい暗い落とし穴になります。

徳と理解は霊的なものである

徳と理解を求める人は、神と共に歩まねばなりません。人は、どれだけ身を落とそうとも、上を見上げて、私欲を越えた何かを求めようとすることがあるはずです。人の心の中に希望の火を燃え上がらせ、「主よ、どうかこの罪人に憐れみを垂れ給え」という祈りの言葉をその人に言わしめるきっかけは、一片の歌であったり、一言の優しい言葉であったり、ちょっとした親切であったりするものです。

人に道を示すにふさわしい者となるためには、まずわたし達自身がその道を主と共に歩まねばなりません。主は、わたし達と同じようにあらゆる試みに遭われましたが、一つの罪もお作りになりませんでした。わたし達はその主と共に歩むのです。

キリストの内に留まることからくる意識に心を開くなら、何一つ誤解は生まれません。聖霊[4]の力が、創造の初めにわたし達一人一人が持っていたものを目覚めさせてくれるからです。徳と理解を求める心は、わたし達の内にすでに備わっています。内なる霊（キリスト意識）が叫びます。「わたしを純粋にして下さい。わたしを清めて下さい！　わたしを初めの地位に――徳に、理解に、神に――戻して下さい！」

「鹿が谷川の流れを求めるように、神よ、わたしの魂はあなたを求めます。[5]」

願わくばわたし達の切に求めるところが、次の祈りの言葉に表されますように。


おお汝、神聖なる天の火花《スパーク》よ。ある人々の中では躍動し、別の人々の中では眠っている汝――徳よ、理解よ、創造力よ、神よ。願わくば、われらの心と人生において汝の欲するところを為し給え。

4　聖霊とは神の働きを意味する。

5　詩編四二・一

徳と理解は正しい生活に必須である

正しい生活には徳と理解の両方が必要です。人間関係や、自分自身の内面に起こる毎日の問題に対処する上で、徳と理解は不可欠です。わたし達は自分の判断基準が正しいものであることを心から願います。しかし、聖霊の導きを得ずして正しい判断を下すことはできません。ある行為に駆り立てた動機は何であったのか、またその行為が最終的にどのような結果をもたらすかを推し量ることはできません。どのような試練や苦しみのために兄弟同胞が過ちを犯したのか、わたし達にはわかりません。もしその理由がわかるとしたら、それはわたし達自身が過去に同じような試練を経験したことがあるからです。わたし達の尺度が内なる神殿に住まうキリストのそれに一致するのはその時であり、わたし達の尺度は不遇な同胞の中にある理想とも完全に一致します。もはや、人のあら探しをしたり、咎めるべき正当な理由をわたし達は持ちません。

霊的な仕事には徳と理解が必須です。自分の持たざるものを人に与えることはできません。自分の生きていないことを、人に生きるよう求めることはできません。自分が純粋でなければ、どうして人に純粋さを求められるでしょうか。そんなことをすれば、わたし達の言葉と行為そのものが、わたし達を糾弾するでしょう。安全な港を求めている人々にその道を示したり、正しく導くには、それ以前に、まずわたし達自身が自分の語るべきことを実践し、熟知していなければなりません。

わたし達は誰でも、よりよい人生を送りたいという向上心を持っています。何かの目標を達成したいと思っています。もしわたし達が最高のもの、最善のものを目指しているなら、わたし達はそれ以下のものには満足しないでしょう。最高の目的に到達する近道はありません。一歩一歩、段階を経て達せられるものです。また、善い行いや、善い思いは決して失われず、そのすべてはわたし達の魂に刻み込まれ、ある人には三〇倍、ある人には五〇倍、ある人には百倍もの実を結ぶかもしれません。わたし達は行為によって、正しい行為によって高まるのです。「わたし達は自分がかつて助けた人の腕に支えられて、天に上がる」[6]とある通りです。

徳と理解への道

徳と理解に至るには、祈りと瞑想が不可欠です。完全な理解を得るには、人は生きる上で肉体的、精神的、霊的に何を必要とするのか、それらを正しく把握している必要があります。大師イエスもこのような方法をとられました。

6　281–4 参照

道を指し示すことのできる人はいるかもしれません。しかし、その人達は「わたしが道であり、真理であり、命である」[7]と宣せられたキリストと同じ徳と理解を備えているでしょうか。主は、ご自分の歩まれた道の他にはどんな道も説かれませんでした。主は、「わたしに従って来なさい」[8]と言えるほど、その道を生きられたのです。この道は全ての人に開かれています。

ほかの人から見られている通りに自分を見始める時、兄弟同胞に対するどのような不親切な思いも心の中に住まわせない時、心の純粋さ、思考の純粋さ、身体の純粋さ、魂の純粋さを熱心に求める時、わたし達はその道を歩んでいます。

その道はまっすぐで狭い道です。わたし達の意志が少しでも父の御心から外れれば、わたし達の目的が父の仕事から少しでも外れれば、わたし達の目指すところがキリスト意識に至る目標から少しでも外れれば、その狭き道を通ることはできません。この道がわたし達を徳と理解に導きます。聖書にも「求めよ。さらば見出さん。叩けよ。されば扉は開かれよう」[9]とある通りです。

7 ヨハネ一四・六
8 ヨハネ二一・二二
9 ルカ一一・九

メンバーの体験

「わたしは道を見つけました。人は、神の愛によって道に導かれ、それは道を求めるすべての人に開かれています。わたしは神の愛を求めて七年間祈ってきました。神の愛はわたしの内に生きています。それは、わたしに悪を行った人々を愛する力をわたしに与え、悪を行う人の中にも善きものを見つける目を与えてくれます。神の愛はわたしの内にあって癒しの力となります。高貴な霊性を表すのを助けてくれる内在の神を、こうして見出せたことを感謝しています。」

徳を身につけるには、信じる心が土台になります。自分の純粋さを信じ、兄弟が完全円満であることを信じ、神の約束を信じ、それを土台に踏み出すのです。徳は信仰の報酬であり、理解は徳の報酬です。信仰によって心を覆っていた幕が引き上げられ、わたし達は自らの内へ、至聖所の中へ進み入り、神の子の似姿に変えられるのです。

「わたしには正しい生活を送るほどの徳がないと思っていました。自分を見つめ瞑想に取り組んでいると、あるとき『信仰こそ礎石である』という言葉が心に響いてきました。この言葉にどれほど助けられたことか。信仰ならば自分にもできるという気持ちがあったからです。それからというもの、キリストへの信仰を通して自分が徳を修め、体と魂と霊を浄められることに感謝するようになりました。こうして、わたしに理解がもたらされました。」

キリストの霊による浄めの力が人生に現れることを望むのであれば、神と、神の約束を一片の曇りなく信じなければなりません。兄弟に純粋さを求め、また自分もそれだけの純粋さを身につけたいと思うのであれば、兄弟を完全に信頼できなければなりません。最大の仕事を成し遂げようと望むなら、わたし達の内に、またわたし達を通して絶えず現れようとする聖霊の力に対して、一層の信頼を持たねばなりません。信仰を持たずして、どうして神の栄光を見ることを期待できるでしょうか。疑う者は裁かれます。わたし達は信仰を通してのみ正しい者とされるのです。なぜなら、神への信仰がわたし達の義と見なされるからです。

徳は防壁、理解は武器

徳は聖霊の力を大きく発揮させます。徳は人の霊性を高め、造り主である神についての理解を深め、神を信じる心を一層堅固にします。ほかの人々への祝福の水路としての自分の心を開くにつれて、より大きな力がわたし達のものになります。水路としての自分を浄め、開き、いつでも使っていただけるよう準備を怠らないでいると、不可能に思えていたことが実現し始めます。わたし達に向けられていたあらゆる武器は滅び去ります。他人に求めるのと同じほどわたし達自身が純粋である時、わたし達は幸いです。なぜなら、その純粋さゆえに、わたし達は不敗無敵の守護力に守られるからです。

徳は、人を責めたり裁きたくなるあらゆる誘惑からわたし達を守ってくれます。なぜなら、徳のおかげで、わたし達は、彼らの中に純粋さを探し出すようになるからです。わたし達は、人の欠点の後ろに隠れている、造り主の似姿に作られた魂を見るようになります。彼らがわたし達の愛を必要とし、道の途上で助けを必要としていることに気づきます。内に徳があれば、わたし達は決してほかの人の成長を遅らせることはありません。

徳にしたがって理解が生まれるように、理解にしたがって神聖な光が生まれます。

理解は実戦で鍛えられた強力な武器であり、その刃は決して折れ曲がることがありません。理解は、真理を求める終わりなき戦いの武器になってきました。敵を打ち破ると、それまでの敵を盟友として得ます。なぜなら、自分の真の意図と目的を理解せしめる力の前に、彼らは畏れ立ち尽くすからです。徳と理解によってのみ、人生の戦いの渦中にあってなおその混乱の上に立つことができます。キリストと共に進むことで、その中を安全に切り抜け、自らの道を行くことができます。理解の高みに立てば、物事はどれほど単純になることか。心と精神と霊において純粋であることが、どれほど素晴らしいことか！

徳と理解は自他に影響する

徳と理解は本来、自分自身にかかわることであり、また自分と《創造力》との関係にかかわるものです。しかし、わたし達の徳と理解は、他人に対するわたし達の判断にも現れます。わたし達の振る舞いは心に思うことを反映したものだからです。高貴に考えることは、すなわち高貴に行動することと同じです。キリストの内に定められた理想に一致する心で考えられるならば、考えることそれ自体が一つの恩恵になります。自分を精神的に、肉体的に、霊的に日々高めて行くことは、家の建築にたとえることができます。わたし達は自分の成長を助ける属性を選んでいるでしょうか。不完全な石を取り除き、良質の石材のみを使っているでしょうか。そうして集めた石材を、正しく水平に積み上げているでしょうか。神の検査官が不意に通りかかっても大丈夫ですか？　もし、これらの問に「はい」と胸を張って答えられるなら、わたし達は神に向かって自分の成長を速めていると言ってよいでしょう。その建築物の品質は、わたし達に、わたし達のみにかかっているのです。わたし達は自分自身のために、聖なる神殿か、さもなくば堀っ立て小屋のいずれかを建てているのです。

人は、一人で生きているわけではありません。わたし達の生き方、行動、考え方は、自分自身に反映されるだけでなく、他人にも影響します。わたし達が愛と慈悲と正義と忍耐と許しを実践するにつれ、周囲の人達の意識を感化するようになります。霊的に浄められた人達と接するようになったある人は、そのことを次のように述べました。「その人達が、わたしを良い方に導いて下さいました。わたしを生きた信仰に引き戻し、神が生きておられ、今も人々を通して語っておられることを理解したいという欲求を吹き込んでくれました。また人生に対する希望と新しい関心を与えてくれました。彼らに会う前のわたしの信仰は形式的なものでした。けれども、お会いしてからは、わたしの信仰はもっと霊的なものになり、その人達が持っているのと同じ喜びを手に入れたいと欲するようになりました」と。

最後に、わたし達は愛するがゆえに死から生へ通過したのを知っています。今や新しい命がわたし達の中を勢いよく流れ、わたし達を神の御心に一致させる不思議な新しい平安を得ました。わたし達がかつて軽んじていたものを、今では大切にするようになりました。また、かつて大切だと思っていた世界に、もはや魅力を感じなくなりました。聖霊の浄めの力によって、霊的理解という言葉に表すことのできない賜物をわたし達に与えて下さった神に感謝します。

願わくば、次に掲げる祈りの言葉が、いつもわたし達の唇にありますように。

どうか徳と理解がわたしにありますように。おお、主なる我が贖《あがな》い主よ、あなたの中にわたしの守りはあります。あなたはこころ直き者の祈りを聞いて下さるからです。

（262—17、答 14）

Let virtue and understanding be in me, for my defense is in Thee, O Lord, my Redeemer; for Thou hearest the prayer of the upright in heart.

(262-17, A-14)

注

(1) キリスト教の最初の殉教者。信仰と霊感に溢れ、弁舌と奇跡を行う賜物を与えられていた。イエスの救い主たることを強力に説いたために、迫害者らによる投石によって殺害された。これは殉教の時の最期の言葉。

(2) 聖書学者の中には、この五千人給食の話は後世の人々がキリストの神性を強調するために挿入した作り話であると説明する人々がいるが、ケイシーのリーディングは、キリストによるこの五千人給食は歴史的事実であると主張する。詳しく拙訳『キリストの秘密』（たま出版）二〇七頁を参照されたい。

第六課　親しき交わり

もし神の光のうちに在《いま》すごとく光のうちを歩まば、我ら互いに交際《まじわり》を得べし。

（第一ヨハネ一・七）

アファメーション

主よ、御名のなんとうるわしいことか！　あなたとの親しき交わりを得るには、同胞を愛する気持ちがわたしになければなりません。あなたの前でどれほど謙《へりくだ》ろうとも、わたしのうちに兄弟と争うものが少しでもあれば、わたしの想いと祈りはあなたに届きません。どうか、あなたに近づこうとするわたしを助けて下さい。

（262—21）

第六課　親しき交わり

（本課はリーディング 262―21 から 262―23 に基づく）

はじめに

本課のテーマに取り組むにあたって、まず内在の聖なる《霊》についてもっと認識を深めておかなければなりません。それは、わたし達の歩みを助けてくれるはずです。また、このテーマにそって自分自身の問題を突きつけられたとしても、より大きな目的のために召し出された者として、それらの問題に正面から取り組んで下さい。やるべき仕事は遠大ですが、それに比べてわたし達は弱く、自己本位になりがちです。それ故に、神の約束を信じましょう。わたし達が怠けたり、遅れることがないよう、神は聖霊を遣わし、わたし達の霊と心を励まして下さることでしょう。

わたし達一人一人の内には、自分が生まれてきたところの本源を絶えず探し求める神の火花があります。わたし達が内なる魂の力、霊の力を育て、高めていくにつれ、この小さな火は勢いを増し、ついには万物の造り主と一つにして親しき交わりを実現する炎へと成長していきます。わたし達の胸の奥には、創造主との親しき交わりを切望する心があります。この心が、幸福や満足を求めてわたし達をあちこちに駆り立て、神の探求に向かわしめるのです。

創造の初めにおいて、すべての魂は父なる神との間に完全な親交を保っていました。人は、神との親しき交わりを知り、神と共に語らい歩んでいました。いま再び、神が約束されたように、神の一人子であるキリストを通して、神との親交を回復する道がわたし達に与えられています。わたし達が同胞に対して思いやりの気持ちを持つのも、わたし達が神との親しき交わりを知っているからです。大いなる《全体》の一部として、わたし達がすべての人と一つであることを深い意識が知っているからです。わたし達は隣人を愛する経験を通して、父なる神とのより完全な親交に目覚め、神がわたし達の内に働かれるように、ほかの人達の内においても働かれていることを悟るようになります。人との親しい交流は、父なる神との親交の影に過ぎません。神との親しき交わりにこそ、わたし達の真の霊的交わりがあります。

わたしは兄弟の保護者なのか？

何千年もの昔、人の心の中に一つの疑問が起こりました――わたしは兄弟の保護者なのだろうか[1]――と。同じ問が今日においても問われています。この問を、あらゆる角度から自分自身にも問うてみて下さい。わたし達は同胞に対してどのように接してきたでしょうか。わたし達の同胞に対するあり方は、神の御心にかなうものであったでしょうか。この問が自分のなかで十分に解決されないうちは、わたし達は、神との親交という生得の財産を受け取ることはできません。神は、さまざまな仕方でわたし達を召し上げますが、この「神に召し上げられた印」――これは奉仕の中でこそ達成されるものですが――を全《まっと》うできないと、わたし達はとたんに神に抗議します。「いったいわたしは兄弟の保護者なのですか」と。しかし、そのような自己弁護に対してわたし達は、「あなたの兄弟の血の声が土の中からわたしに叫んでいる」[2]という返答を得るだけです。惨めで、うち捨てられた気持ちになるのも当然です。何をやっても不安につきまとわれ、力が萎えてしまうのも当然です。罪がわ

1 創世記四・九
2 創世記四・一〇

たし達の足元に横たわっていることを、わたし達の心は知っているのですから。

「御父《おんちち》がどれほどわたし達を愛してくださるか、考えなさい。それは、わたし達が神の子と呼ばれるほどのものなのです」[3]と聖書にあります。神は、その子らに愛のみを与え、地上の親が自分達の子供を哀れむように、神は、子たるわたし達を哀れみ給います。神との親しき交わり――これこそが、わたし達の人生を生きるに値するものにしてくれるすべてですが――をわたし達から奪う力は存在しません。ただわたし達が、同胞の苦しみを軽んじたり、同胞の重荷を担おうとしない時に、あるいは同胞を許すことができない時に、それらの行為によって神の愛を自ら断ち切るのです。このことを実感したことはないでしょうか？

内なる《霊》と交わり、神の御顔を求めようとするのであれば、恵みから遠ざかっている人達にも親切で優しく、同情深く、愛をもって接しましょう。隣人を愛することが、すなわち神を愛することであり、「我らは神の中に生き、動き、存在する」[4]のです。

わたし達に求められているのは、兄弟の短所に目をつぶるといった受動的なものではありません。たとえ彼らに短所があっても、その短所のまま彼らを愛するように命じられているのです。どんな時も彼らの中にある《霊》の力を信じ続けます。

3 第一ヨハネ三・一

4 使徒一七・二八参照

そうすれば彼ら自身、わたし達が彼らの内に見続けてきたものに気づき、いつか自分達の素晴らしさに目覚め、自分の心をもっと高めたいと望むようになります。これは彼らをおだてたり、自分の能力を過大評価させようとするものではありません。大切なのは、彼ら自身が自分自身を理解するのを助け、必要な時には支えてくれる友人がいることを、誘惑に陥りそうになった時には援助の手を差し伸べてくれる友人がいることを、彼らに知らせるということです。ここに、人間の人間に対する、隣人の隣人に対する、人の造り主に対する義務のすべてが表されています。それは、イエスの言葉に「わたしの兄弟であるこの最も小さい者の一人にしたのは、わたしにしたことなのである」[5]とある通りです。

さて、自分自身に問うてみて下さい。「わたし達は、人からして欲しいと思うような仕方で、喜んで人にしてあげているだろうか?」と。願わくば、わたし達がいつも力を合わせ、主における親しき交わりを通して、人々に仕えることができますように。

5　マタイ二五・四〇

神との親しき交わり

自分がどれほど神と親しいかを知りたければ、自分のことをよく調べ、わたし達が隣人に対してどのような気持ちで接しているか吟味してみることです。わたし達が神との間に求めている親交の深さは、わたし達が兄弟同胞に対して示す交わりに現れるからです。彼らに対する自分の行為や言葉や思いを点検してみると、自分が父なる神との間に親しき交わりを求めていなかったことに嫌でも気づかされます。自分の心の中にしまい込まれている何ものが兄弟との親交を妨げているのか、よく調べてみて下さい。そして、もしわたし達の中に兄弟に対して争うものがあるなら、許しを求めて神に祈りましょう。神はどの人にも十分な慈しみで応えて下さいます。

神を見出そうとするなら、神を見出せるところ――すなわち、隣人の胸のうちに求めなければなりません。わたし達はどれだけ神について知っているでしょうか？わたし達が同胞を知り、理解しようと努めるだけわたし達は神を知り、同胞のうちにある高貴な意識を拡大しようと努めるだけ神を知ります。わたし達はこのようにして神を求めてきたでしょうか？　わたし達は隣人を正しく判断しないで、外見だけで裁いてはいないでしょうか？　わたし達は、彼らを誤った行動に向かわしめた動機を見落としてはいないでしょうか？　兄弟の胸の奥底にも、神の祭壇の前で燃え続ける聖なる火が埋められていることを、わたし達は理解しているでしょうか？兄弟同胞の中に神性を見出し、その人達からどのようにあしらわれようと、彼らを愛すること。これができなければなりません。彼らの外見が立派に見えるから愛するのではありません。彼らの本来の姿ゆえに愛するのです。彼らが同じ人間でわたし達の同情を必要とするから愛するのではありません。彼らのうちに、わたし達の崇拝に値する《神性》があるがゆえに愛するのです。

親しき交わりより美しいものがあるでしょうか！　イエスは神の業《わざ》を為すために親しき交わりを求められました。イエスは人々から遠ざかることなく、むしろ人々と交わり、人々の悲しみをご自分の悲しみとされ、人々と共に生き、人々を苦しみから解放されました。しかし、もしわたし達が、力の源泉たる《霊》のうちに留まっていなければ、わたし達にイエスの生き方を真似《まね》ることはできません。聖書に「わたしはぶどうの木、あなたがたはその枝である。もし人がわたしの内に留まり、またわたしがその人の内に留まっているなら、その人は実を豊かに結ぶ。わたしを離れては、あなたがたは何一つできないからである」[6]とある通りです。イエスは、愛と奉仕は手をとり合って行くことを教えられました。イエスは同胞に仕えるためにご自身の命すら放棄されましたが、一体、それ以上の愛を示すことができるでしょ

6 ヨハネ一五・五

うか。これこそイエスが行ったことであり、イエスは自らの十字架を通して、キリストの力が罪と死と墓に勝るものであることを示し、命を求める人がその道を見出せるようにしたのです。願わくば、どのような時でも、どのような所でも、どのような状況においても、わたし達自身、喜んで隣人に仕え、同胞の内にある高次の本性を見ることができるよう、《霊》の導きがありますように。

わたし達が親交を求めるのであれば、わたし達は神の約束を信じ、神の定められた戒めを守らなければなりません。しかし、その戒めは耐えがたいものではありません。その最大の戒めは「互いに愛し合いなさい」であり、イエスはこれを「新しい戒め」と呼びました。そして、この戒めは、イエスに従う多くの人々にとって今もなお新しい戒めです。

わたし達は「神を知りたい」と口にしますが、本心からそう思っているでしょうか。もし誠実に神を知りたいと思うなら、自分本位の願望や主義主張や気まぐれなどはいとも簡単にかなぐり捨て、創造主であり、父である神の働きを知り、理解するにつれて明らかになる神の驚くべき御業《みわざ》に、わたし達の目がもっと開かれることを願うのではないでしょうか。すべてを尽くして神に仕えた人々に啓示されるあの栄光にあずかれるなら、わたし達も喜んで耐え忍ぶのではないでしょうか。主のうちに自己を失ってしまえば、どれほど道は歩みやすくなることか！　わたし達は約束されているのです。わたし達がいま手にしているものを活用すれば、もっと多くのものが与えられると。この道のなんと従いやすいことか！

イエスがペテロに「わたしの羊の世話をしなさい」[7]と命じられたことを思い出して下さい。自分自身や他人に対して不調和な状態にあることを心の中で感じている時には、誰も確信をもって神に近づくことはできません。自分を信じられない時、つまり、自分自身を力の《無限なる源》に同調さえすれば天と地のあらゆる力が自分達にゆだねられていることを思い出せず、自己の内なる神の力を軽んずる時、人は自分自身に対する調和を失います。また、自分は人よりも霊的に優れているとか、人より霊的な力や愛、慈悲において勝っているなどとおごり高ぶる時、人は他人との調和を失います。それ故、わたし達はまず自分自身の心と考え方を清め、他人のうちにある聖なる《霊》をもっと認識することが必要です。そのことがなされないうちは、父なる神とわたし達が一つであることを悟らせてくれる神との親交を得ることはできません。

このような完全な調和を自己のうちに生き生きと保つには、祈りと瞑想が不可欠です。わたし達は神との親交を真に求めているのでしょうか？　神がわたし達に近

7 ヨハネ二一・一六参照

づいて下さることを本当に望んでいるのでしょうか？　もし望んでいるなら、わたし達自身がもっと神に近づき、慈しむ心をもって、恵みの御座にしばしば歩み寄りましょう。

「人の心は何にもまして、とらえ難く病んでいる」[8]とは、改心しない心、つまり、《霊》による浄化も知らなければ、神の臨在にも目覚めていない心を指しています。自分の心をよく調べてみましょう。「心に責められることがあろうとも、神は、わたし達の心よりも大きく、すべてをご存じだからです」[9]と聖書にあります。神は、わたし達の喜びも悲しみもすべてご存じです。神は、わたし達の遭ってきた試みが如何なるものであったのか、ご存じです。それ故に、たとえわたし達が試みに屈したことがあったとしても、それでもなお神はわたし達を愛し、支えて下さるのです。ですから、もしわたし達が神を信じ、神は約束を守られることを真実信じるなら、わたし達の心は自分を責めることをやめるはずです。(1)

いつも人を許せるような自分でありましょう。神ご自身、わたし達をそのように扱って下さるのですから。神はわたし達の罪を赦《ゆる》し、帳消しにして下さいました。そうであればなお一層、わたし達は人を許すようでなければなりません。たとえ他人の言葉や行為に苦しめられたとしても、それを自分の心の中でいたずらに増幅し、

8 エレミヤ一七・九

9 第一ヨハネ三・二〇

それを彼らのせいにしないようにしましょう。わたし達は神への忠誠を誓ったのですから、十字架を担おうではありませんか。なぜなら、その先には冠が約束されているのです。忍耐と寛容によって同胞を助け、愛が生けるものであることを示しましょう。神は、人々の間でわたし達が神の栄光を顕せるよう、大きな愛をわたし達に下さったのですから。

親切であるよう努力しましょう。わたし達の親切を鼻であしらうような人達に対しても、思いやりをもてるよう自分を鍛錬して下さい。そうです。親切になれそうにない時にこそ、親切であるよう努めるのです。その努力は決して無駄にはなりません。他人からの見返りを期待して親切にするのではありません。わたし達が神との間に結ぼうとしている親しき交わりを、そのような些細なことで壊されたくないからです。不親切な言葉を口にしたからといって、それが苦痛として相手の心の中で生涯続くことはほとんどないでしょう。しかし、その言葉を口にしたわたし達の中で、そのことがいつまでも尾を引き、わたし達が大切にしてきたすべてのものとの調和を壊し、その影響が何十年も続くことがあります。真実の親切は、小さな行為を通して示されるものです。希望を失っている人に慰めの言葉をかける人は、その善果を受けます。このような行為は些細なことかも知れませんが、他の何によっても助けられない人を、この小さな行為が助けるのです。どんな善行も失われることはありません。どんな種も、父なる神が知らずして地に落ちることはないのです。井戸辺で一人のサマリア婦人が疲れたイエスに一杯の水を差し上げたことがきっかけで、その町から多くの人々がイエスのもとを訪れるようになり、命の水についての知識を求めるようになったのではありませんか。[10] 願わくば、傷ついた人がいる時に、その人を慰めもせずに通り過ぎることがありませんように。諍《いさか》いがある時に、それを鎮めもせずに素通りすることがありませんように。「慰めよ、わたしの民を慰めよとあなたたちの神は言われる」[11] という声に耳を塞ぐことがありませんように。

わたし達は自分のささいな思いの一つ一つに対しても、いつか釈明しなければなりません。そうであるなら、自分の思いを常に同胞愛を高めることに向けようではありませんか。一歩一歩、ここに少し、そこに少しという具合に進歩していくうちに、わたし達は協力を学び、自分を理解し、《理想》に対する信念を強め、信じる力を強固にし、徳と理解を高め、父なる神との親交と同胞への義務をもっと自覚するようになります。

10 ヨハネ四・一〜四二参照

11 イザヤ四〇・一

この世が必要とする神との親交

今も昔も、あらゆる時代を通して、人類がもっとも必要としてきたことは、人が自分自身を理解することと、そして人の人に対する関係を理解し、人と造り主との関係を理解することでした。また、これらの三つの理解が不可分のものであるということが認識されなければなりません。自己を理解することと、自分と他人との関係を理解すること、そして自分と神との関係を理解することは結局同じことです。なぜなら、神は被造物を通して顕現される方であり、その意味において、神と神の被造物を分けることは不可能だからです。

神を愛しながら、同時に、その魂が神の似姿に造られた隣人を憎むことはできません。愛と憎しみが一つの心の中に共存することはできないからです。多くの人は、同胞愛など軽んじて顧みようともしません。同胞愛とは無縁の生き方をしている利己的な人のなんと多いことか。もしわたし達がこれと同じ過ちを犯すなら、もちろん神はそれを知り給い、兄弟同胞にもわかることでしょう。そして、自分の内面を調べれば、それはわたし達自身にも明白なものとなります。この世は、わたし達が他人の道に置いてきた障害物のために、さらに貧困な世界になっています。わたし達は自分の成長を邪魔するだけでなく、人間が造られたところの、まさにその目的をも妨害するものになってしまいます。

神との親しき交わりを得るには、友人や仲間を思いやったり親切にするだけでは足りません。そこには、敵を愛することも含まれなければなりません。これこそ、この世が必要としている神との親交の姿です。このような神との関係は、当然のことながら、「敵を愛する」ということのわたし達の理解を変えていきます。つまり、敵である彼らが《道》を知ることを心から望むようになってはじめて、わたし達は「敵を愛する」といえるのであり、彼らに正しく接したからといって、それは当たり前のことをしているに過ぎません。彼らの酷い行為の中にも、善を為そうとする力が誤った方向に導かれていることを、わたし達は見て取ることができます。このような態度がもてるようになれば、他人の障害や試練をもっと理解できるようになり、いつか世界は、ほかの国の障害や苦難についても理解できるようになります。なぜなら、「地には平和、御心に適《かな》う人にあれ」[12]という願いは、国と国との間で実現される前に、まず個々人の間で経験されなければならないからです。

神との親交がどれほど必要とされているかがわかれば、どうして復讐心や憎しみを抱いたり、他人を裁いたりできるでしょうか。それでもなお、こういった想念で人を縛り付けるつもりでしょうか。

12 ルカ二・一四参照

すべての人の心と命に刻まれている愛と同胞意識は、父なる神との親しき交わりを反映するものであり、行いと真理において至福千年がここにあるといえるような、幸福な状態をもたらします。わたし達は自己を振り返り、一人の人間として自分が為すべき役割をちゃんと果たしているかどうかを調べてみるべきです。わたし達は、貧富、貴賤、聖俗、敵味方のわけ隔てなく、すべての人に対して愛の法則を実行しているでしょうか。

愛を実践するうえで、家庭ほど適した場所はありません。愛が家族にどのような影響をもたらすか、観察してみましょう。家族に思いやりの言葉で応じられない時には、むしろ何も言わないことです。怒りを露わにしたために、その人の人生における良い部分がいかされず、さらに怒りを向けた人の成長を遅らせるくらいなら、怒りを表に出さないで、胸の中で消えていくのを待つ方が遥かにましです。

神との親交をもつ人々が果たすべき役割

「あなたがたがわたしを選んだのではない。わたしがあなたがたを選んだ」[13]とイエスは言われました。親しき交わりを持てば、他者に対する義務が出てきます。守

13　ヨハネ一五・一六

るべき約束があり、理解し、敬うべき法則があります。「どのような人が、主の山に上り聖所に立つことができるのか。それは、潔白な手と清い心を持つ人」[14]と聖書にあるように、このような人が父なる神との親しき交わりを得ます。彼らは神の法則において喜び、神の法則を理解し、大切に守ります。

しかしわたし達の多くは「その道は厳しく、義務は多くて重い」と不平をこぼします。そのような人は、自分の口によって裁かれます。わたし達はむしろ、「わたしの軛《くびき》は負いやすく、わたしの荷は軽い」[15]と保証されたイエスの言葉を真実として、その通りに受け取るべきではないのでしょうか。神は、わたし達に耐えられないような重荷を決して担わされないということを知るべきではないでしょうか。

神との真の親交を求めていたある人が、その体験を次のように語ってくれました。「あるヴィジョンが見えたのです。その中で、わたしは利己的であるということの本当の意味を知ることができました。わたしは人生の学校にいました。その時のわたしは、自分のために持っていたわずかばかりの霊的食べ物を食べていました。ある丘の斜面に座り、そこで食べていたのですが、間もなく、自分の座っていた地面が崩れはじめました。わたしの食べ物はどんどん減っていきました。すると、『持っていない人は、持っていると思うものまでも取り上げられる』[16]という声が聞こえてき

14 詩編二四・三、四

15 マタイ一一・三〇

16 ルカ八・一八

ました。突然、わたしは自分の窮乏状態に気づきました。食べ物はなくなり、大地は崩れ去り、大きな波が今にも襲いかかって来そうです。わたしは立ち上がり、急斜面をよじ登りはじめました。それまで自分より霊的に劣っていると見下していた人達に必死に助けを求め、彼らに助けてもらいました。すると次の言葉が響いて来ました。『人は、自分の蒔いたものを、また刈り取ることになる』[17]、『人にしてもらいたいと思うことは何でも、あなたがたも人にしなさい』[18]と。」

わたし達は、自分が考えてきた通りのものになります。自分の真のありさまを、わたし達は反映します。人はそうして反映されたものを見て、わたし達を判断します。わたし達が自己評価を誤ることがあるように、他人もまたわたし達を誤って評価することがあるかも知れません。しかし神はわたし達の心をご覧になり、すべてをご存知です。神は、わたし達の目的を知っておられ、わたし達がなり得るものの可能性を知り給います。イエスは、シモン（ペテロ）がその弱さ故に自分を否定することを知っていましたが、彼に言われました。「あなたはペテロ（岩）である。わたしはこの岩の上にわたしの教会を建てよう」[19]と。わたし達の務めは、わたし達の生き方に触れた人々が、わたし達のなかに善なるものを見出し、わたし達の生き方を通して、父なる神の栄光が讃えられるようにすることです。わたし達は、常に自

17　ガラテヤ六・七
18　マタイ七・一二
19　マタイ一六・一八

分の心を監視し、いつ「裁きの間」に呼び出されて自らの信ずるところの釈明を求められても、正々堂々としていられるようでなければなりません。わたし達の同胞愛はどんな批判にも耐えられるものでなければなりません。「偽善者め。自分の言葉に裁かれるがいい!」などと誰からも言われないようにしなければなりません。「すべてのものをお造りになった神の内に、世の初めから隠されていた秘められた計画が、どのように実現されるのかを、すべての人々に説き明かしています」[20]。これこそわたし達の義務であり特権です。その奥義をわたし達がいま示すのです。

親交は平安をもたらす

わたし達は、これまで自分達が人にしてきたように、人からしてもらうことを期待することができます。わたし達が大いなる《声》に従ってきたのであれば、何を恐れる必要があるでしょう。わたし達は幼子のように、すべての良き贈り物、完全な賜物[21]の送り主である神に信頼を置くようになりました。そして、神が善意と慈悲によってわたし達に報いて下さることを知っています。「あなたの律法を愛する人には豊かな平安があり、つまずかせるものはありません」[22]とある通りです。

20 エフェソ三・九

21 ヤコブ一・一七

22 詩編一一九・一六五

わたし達はこの平安を誰に求めればいいのでしょう。プレアデス星団を誕生させたのは誰か。オリオン座の三つ星を置かれたのは誰か。[23] 陸地に投げ入れられた深き海を動かすのは誰か。あらゆる被造物に命の息を吹き込み、神の創造を賛美する《創造力》を与え給うたのは誰か。その方の御名は主。主の翼の影には平和があり、心を恐れさすものはなにもありません。[24]

父なる神と自分との間にさえぎるものを何も置いてはなりません。むしろ、主の御名において日々進むわたし達は、過去においてわたし達を妨げていたものを捨て去り、心配事がわたし達の心を重くするのを許してはなりません。聖書に「神を愛する者たち、つまり、御計画に従って召された者たちには、万事が益となるように共に働くということを、わたしたちは知っています」[25] とありますが、わたし達はこの言葉を知らないのか、さもなくば、この言葉を確信することができないのでしょうか。今のわたし達には理解できない状況があるかも知れません。しかし、理解できないことは父なる神の御手に安心してあずけることができます。なぜなら神が、もっともふさわしい時を選んで、わたし達にその真実の姿を見せて下さることを信じることができるからです。父なる神との親しき交わりを損なうような不安や他人を責める気持ちが、わたし達の心の中に忍び込むことを許してはなりません。時は

23 ヨブ記九・九
24 262—23 参照
25 ローマ八・二八

間近に迫っているのです。「不正を行う者には、なお不正を行わせ、汚れた者には、なお汚れるままにしておけ。正しい者には、なお正しいことを行わせ、聖なる者には、なお聖なる者とならせよ」[26]と聖書にある通りです。裁きはわたし達が下すべきものではありません。わたし達は働き、仕え、「わたしは世の終わりまで、いつもあなたがたと共にいる」[27]、「わたしは、平和をあなたがたに残し、わたしの平和を与える。心を騒がせるな。おびえるな」[28]というキリストの約束を確信し、そこにすべてを託そうではありませんか。

願わくば、わたし達の瞑想と祈りが次の言葉に表されるようなものでありますように。

主よ、御名のなんとうるわしいことか！　あなたとの親しき交わりを得るには、同胞を愛する気持ちがわたしになければなりません。あなたの前でどれほど謙《へりくだ》ろうとも、わたしのうちに兄弟と争うものが少しでもあれば、わたしの想いと祈りはあなたに届きません。どうか、あなたに近づこうとするわたしを助けて下さい。（262—21）

26 黙示録二二・一一
27 マタイ二八・二〇
28 ヨハネ一四・二七

How excellent is Thy name in the earth, O Lord! Would I have fellowship with Thee, I must show brotherly love to my fellowman. Though I come in humbleness and have aught againt my brother, my prayer, my meditation, does not rise to Thee. Help Thou my efforts in my approach to Thee.
(262–21)

注

(1) リーディングによれば、自分を責めることは、他人を責めるのと同等の倫理的罪であるという。もちろん、これは健全な自己批判とは異なる。わたし達にとって戸惑うのは、神を信じ、神の約束を信じることによって、心が自分を責めなくなるというリーディングの主張である。この点については、かつてマグダラのマリアであったといわれた女性(295)に与えられた一連のリーディングがわたし達の理解を助けてくれる。ケイシーは「自分を責めることは、地上に命を現された主、キリストの力を責めることと同じである」と言い、また「主がすでに罪を赦されたのに、なぜそのことで自分を責めるのだ」とも言った。むしろ、神にあって罪を赦された自分は如何に生きるべきかを問うべきである。ケイシーは、わたし達にできるのは、「愛、喜び、平和、調和、恵み、栄光等、キリストの命を体現した人生を送るなら、その時、主の命の中に喜びがもたらされる」(295-8)ことであると述べている。わたし達に求められているのは、神はわたし達を罪から自由にする力を持たれていることを一切の疑いなしに信じ、信じたなら罪から解放された者としてふさわしい生を生きることなのである。

第七課　忍耐

汝らは忍耐によりて其《そ》の霊魂《たましい》を得べし。（ルカ二一・一九）

アファメーション

おお主よ。地上におけるあなたの臨在のなんと恵み深いことか！　どうかわたし達が、光の造り主、光の与え主であるあなたを仰ぎ見つつ、わたし達の前に置かれた競争を忍耐をもって走り抜けることができるようにお導き下さい。

（262—24）

第七課　忍耐

（本課はリーディング262―24から262―26に基づく）

はじめに

神は、忍耐の神です。自然界のあらゆるものが、神の忍耐を示しています。岩や、洞窟や、丘や、渓谷や、地の底に至るまで、神の忍耐が刻まれています。神はまた、すべての魂が――たとえ幾時代かかろうとも――神の光を知るようになることを辛抱強く望んで下さいます。その神の忍耐が、わたし達の内に刻まれているのです。

忍耐は、一人一人の魂のうちにある神の心の働きです。忍耐は、心と体と魂のすべての面で、思いと行いを通して表されます。わたし達は忍耐によって自己を知り、忍耐によって自分の理想をはかり試し、忍耐によって信仰を実践し、忍耐によって徳に伴う理解を求めます。このように、魂の属性のすべては、忍耐のうちに包含されるといえます。

日々忍耐を実践していけば、これまで体験を通して学んできた本書の教訓が、どれだけ実生活に活かされているかが明らかになります。忍耐は、あらゆる徳を行動に移します。忍耐によって、わたし達は周りの人達への祝福の水路になり、その場限りの自己本位のやり方で仕えるのではなく、わたし達の奉仕を必要とするところがある限り、神の道に従って仕えます。

忍耐の報酬

忍耐は、わたし達の成長を試します。日常生活で忍耐を実行すれば、これまで与えられた機会を自分が正しく用いてきたか、誤用してきたかが自ずと明らかになります。忍耐は、わたし達になんと大きな理解をもたらしてくれることでしょう！

わたし達は忍耐を通して、父なる神について、神とその子たる人間との関係についていて、理解を深めていきます。わたし達は忍耐によって、日々に担う十字架の意味を知っていくのです。

十字架を負わざる者は、自分と神との関係を忘れ、もはや神の子の中にいません。わたし達は、自分の十字架を負うだけではなく、おそらくは、ほかの人達の十字架をも背負うよう求められるのです。わたし達がかつて助けた兄弟の腕にすがらずして神の御座に近づくことはできません。ここに、人と人との間のあるべき姿が表されています。

忍耐ほど、わたし達の成長を示すものはありません。わたし達は、「これと同じような状況を以前どこかで解決したような気がする」と感じるくらい、困難な状況に果敢に取り組めることがあります。疑いなく、過去にそんな体験をしているはずです。それも何度も繰り返し。ところが別の時には、それほど難しくない状況に手こずってしまいます。どうしてそのような経験をするのでしょうか。たいして難しくもない問題に尻込みしたり、打ち負かされているようでは、わたし達はただの腰抜けです。自分の間違いに気づいたなら、しっかり取り組んでいなかったことを恥じ、その失敗から学ぶことを決意します。どんな失敗をしても、その後で、自分は最後まで忍耐することができて幸せだったと言えるようでなければなりません。自分のことを理解してもらえないからといって、あるいは自分には理解できないからといって、途中で投げ出してはなりません。理解してもらえるようになるまで、あるいは、いつか理解できるようになるまで、前向きに待てるようでありたいものです。結局、忍耐を通して学んだ教訓のみが、わたし達を助け、強くしてくれるのです。そして、忍耐によって鍛えられたわたし達は、ほかの人達への実例になります。忍耐を通して学んだそれぞれの教訓はわたし達の内面にしっかりと刻まれ、時間とともに消え去ることはありません。それらは、わたし達の魂に埋め込まれた高価な真珠のようなものであり、魂から取り去られることは永久にないのです。

父なる神が御用意下さる事柄には、驚くべき知恵と思いやりが含まれています。いつの瞬間にも、神は、まさにわたし達が扱えるだけのものを下さいます。わたし達は、自分の理解できないものを正しく用いることはできないからです。「言っておきたいことは、まだたくさんあるが、今、あなたがたには理解できない」[1]とイエスが語られた通りです。隣人に対して、わたし達が彼らの重荷を理解していることを示し、彼らが重荷を担う時にはいつでも手助けをする用意があることを示しましょう。それによって、わたし達は、神の約束を実現するための自分のささやかな務めを果たすことになるのです。こうして、わたし達は神の愛の働きをより良く知り、自分の成長に対する自覚が深まります。

1 ヨハネ一六・一二

魂の美しさは、忍耐を知る人の人生に現れます。日々目的のある人生を送ろうと、祈りに満ちた態度で努力している人のもとにやって来ます。魂の働きが美しくあるためには、わたし達は自己を忘れなければなりません。これは、わたし達が内と外の両面にわたって成長することを意味します。また、深い瞑想の土台となる内省の結果として得られます。愛は、キリストの言葉と行いに現されたように、言葉と行いの一つ一つに現れます。わたし達も、キリストの示された徳を、忍耐とともに自分の内に養おうではありませんか。忍耐が行われるところには一片の後悔もありません。むしろ、忍耐を失うところに、すべての後悔があります。わたし達は永遠に成長を続けるのです。結果がすぐに現れないからといって、投げ出してはなりません。

ある人が、次のような体験を話してくれました。「わたしはある時、大きな試練に直面させられたことがあります。その試練の中で、わたしの辛抱と忍耐は日毎にすり減って行きました。しかし、いよいよ限界だという時に、わたしは自分が主のご意志をこの世に現すための道具、水路に過ぎないことに気づいたのです。この気づきのおかげで、力と勇気が徐々に戻り、最後には、危機的なところにきていた問題がはっきり理解され、何の不安もなく取り組めるようになりました。忍耐強く待ったことで、主が共にいてくださることを感じられたのは、真に価値ある経験でした。」

目の前の十字架を日々忍耐によって背負う者には、平安のうちに主が共にいて下さいます。主は、そのように約束されました。

忍耐を養う

忍耐を実践していくと、わたし達は、自分が神の配慮の中で生きていることを強く感じるようになります。そういう時に、しばしば内なる自己を目覚めさせるようにしてみましょう。では、どうすれば目覚めさせられるのでしょうか。忍耐によってです。忍耐を失うと、わたし達は自分を持《じ》することができなくなり、恐れや不安につけ入る隙《すき》を与えてしまいます。わたし達は忍耐強く待つことで神の約束——すなわち神の力はわたし達に対して十分であるという確信——を自分のものにすることができるのです。神の力がわたし達の側にある限り、わたし達に敗北はありません。何を恐れる必要がありましょう。ただし、霊的成長の要《かなめ》である忍耐を自分のものにするには、わたし達自身が自らの立てた理想と完全に一致している必要があります。忍耐を養う過程で、わたし達を悩ませるさまざまな状況に遭遇するかも知れません。そのどれもが、わたし達を造り主から遠ざけるような経験かも知れません。

しかし、どの経験にも、それに見合った報酬があるはずです。わたし達が道を求める限り、慰め主はいつもわたし達のそばにいて、手を差し伸べてくれます。わたし達は一人置き去りにされることは決してないのです。そのことをしっかり覚えておくべきです。

わたし達は、自分の知っていることを忍耐をもって実生活に適用していくうちに、神の法則を少しずつ理解していきます。忍耐を身につけるには、祈りと絶え間ない自己観察が必要です。これを怠ると、ちょっとした油断からつい怒鳴ったり、短気な行動に出たりします。これでは自分を躓《つまず》かせると同時に、怒りに巻き込んだ相手も躓かせます。こうした自己中心性をあらためない限り、忍耐は身につきません。このことをしっかり認識することは、それ自体が大きな一歩です。そして、他人に対する忍耐を望む人にとって、これは必須の一歩です。キリストのうちに自己を失い、奉仕のうちに自己を見出しましょう。キリストのうちに自己を失い、父と一つである自分を見出しましょう。この歩みは不思議な力を持ち、その実現は神性を帯びます。わたし達の思うこと、話すこと、行うことのすべてが忍耐の精神に促されるなら、人々はわたし達の実例にならおうとするようになります。すべての人の中に神を認める人は、誰もがこのことを経験します。

日々の試練の中で、わたし達の忍耐は試されます。日々生じる新たな障害を克服して行くことで、わたし達は成長します。忍耐が消極的な服従であってはなりません。新たな試練に正面から取り組めるよう、わたし達の忍耐は積極的で成長する力でなければなりません。主は、その愛する者を懲《こ》らしめ、清めます。なぜなら、その人が永遠の価値で養ってきた心と魂だけが、永遠の命を受け継ぐからです。肉に属するはかない価値は、焼き尽くされねばなりません。神は焼き尽くす火であり、神と一つになることを望むすべての者を清め給います。[2] わたし達はこのことをしっかりと覚えておくべきです。

わたし達は、忍耐によってのみうち勝つことができます。わたし達は霊的な修養に励むことで成長します。この努力によって神への道が開かれ、すべての人にやって来る試練がわたし達に臨んだ時にも、神は共にいてわたし達を支えて下さいます。

忍耐によって理解を深めるには、わたし達はどのように生きればよいのでしょう？自分の知っていることを日々適用し、実践して生きることです。神は、わたし達がいまだ知りもせず、理解もしていないことを生きるようには命じられません。わたし達がいま知っていることを実行することで、次の一歩に必要な知識と理解がもたらされるのです。では、いつからその実践を始めればいいのでしょうか。今日から

2 ヘブライ一二・六、第一コリント一五・五〇、申命記四・二四参照

です。パウロは「今や、恵みの時、今こそ、救いの日」[3]と言いました。神の約束を信じて第一歩を踏み出し、忍耐をもって次の一歩を待とうではありませんか。自分の理解している霊的原理を試し、適用しようとしなければ、わたしたちは今いるところから一歩も出られません。

競争を走り抜く

「信仰が試されることで忍耐が生じる」[4]と聖書は教えます。一日一日、一歩一歩、わたし達はこの競争を走ります[5]。もうこれ以上忍耐できないと思う時、何が起きているのでしょう。実は、自分自身に対する忍耐を失っているのです。自分に忍耐できないというのは、何たる地獄でしょう！　わたし達は速やかに自分の有様を反省し、過ちがあれば正し、生き方を修正しなければなりません。自己の内から来る力は、外から来る力以上に影響します。ですから、わたし達が真剣に自分を正そうとすれば、高次の自己がいつでも助けてくれるはずです。これは、自分を成長させ、神に近づくための貴重な機会です。あたかも今日で競争が終わり、すべての仕事をやり終え、そして神のすべての約束の成就が今日一日の努力にかかっているかのごと

3 第二コリント六・二
4 ヤコブ一・三
5 パウロは霊的成長を目指して生きる生き方を「競争」になぞらえた。ヘブライ一二・一参照。

く、今日という日を真剣に生きましょう。主であるキリストと今日、食を共にするとしたら、わたし達はどんな果実――すなわち、わたし達の今日一日のどのような思いと活動と行為――を主に差し出せるでしょうか？

忍耐に休日をもうけることはできません。わたし達がこれまで努力して目指してきたものを台無しにしてしまうような悪意や敵愾心が心の中に入り込むことがないよう、常に用心し、自分の心を監視しましょう。わたし達は、障害物を脇へ押しやり、目の前の競争を忍耐をもって走り抜くことを求められているのです。この競争は、父なる神のもとへ帰る道なのですから、わたし達は走り切らなければなりません。しかし、あり難いことに、わたし達はたった一人で走るわけではありません。「わたしは道であり、わたしを通らなければ、だれも父のもとに行くことができない」[6]と言われた主が共に走って下さいます。主への信頼に裏打ちされた忍耐によってのみ、わたし達は、あらゆる試練に取り組み、どのような障害をも乗り越えることができるのです。

6 ヨハネ一四・六

メンバーの体験

「どんな活動にも人々の協力は不可欠ですが、その本当の意味を理解し、奉仕の内に自分を失うことができるようになったとき、わたしは初めて自分の内に神がおられることをはっきり知り、確実な忍耐を身につけることができました。わたしの魂はこの忍耐に養われ、神の霊のうちに安心して歩み、働き、待つことができるようになりました。神の霊にとどまる限り、すべては益に導かれていることを実感します。」

忍耐は、魂の成長にとってもっとも重要な礎石です。もっと言えば、忍耐は、肉体から魂に向かう道に立つ関所の門番です。忍耐によって、わたし達は自分の弱さと取り組み、忍耐によって、愛、信仰、希望などの徳を高めてきた自分の強さを確かめることができます。自分は過去どんな人間であったか、また、今の自分はどんな人間であるか、そしてこれからどんな人間になろうとしているのか、これらのことを他のどんな徳にもましてわたし達の忍耐が教えてくれます。忍耐は、わたし達が過去においてどのように試練と対峙してきたか――正面から取り組んで克服してきたのか、それとも試練の前に敗走してきたのか――を示します。忍耐はいわば、わたし達の成長を表す指標です。他人に対して辛抱強く、欠点も受け止める用意があるのかどうか、それとも、自分のやり方だけが真理と理解へ通じる唯一の道であると思いなす未熟な状態にあるかどうかを示します。

聖書には「忍耐によって、あなたがたは魂をかち取りなさい」[7]とあり、また「人は、たとえ全世界を手に入れても、自分の魂を失ったなら、何の得があろうか。自分の魂を買い戻すのに、どんな代価を支払えようか」[8]とあります。わたし達は、何にも代え難い貴い贈り物を父なる神の御手よりいただいているのです。それでもわたし達は、まるでそれが自分の正当な権利であるかのように、自らの魂と引き替えに自分のエゴを拡大しようとするのでしょうか。

わたし達が、心に濁りなく魂の所有者たるには、その前に、忍耐すべきことがまだまだ多くあるかも知れません。しかし、一つ一つの試練を忍耐していくことでわたし達は強くなり、次の試練に向かえるようになります。ペトロが「主よ、兄弟がわたしに対して罪を犯したなら、何回赦すべきでしょうか。七回までですか」と尋ねた時に、イエスは「七回どころか、七の七〇倍までも赦しなさい」[9]とお答えになりました。わたし達は七の七〇倍ほども忍耐できるでしょうか。わたし達は最後まで耐え抜き、辛抱できるでしょうか。それとも、侮辱されたら侮辱し返し、殴られたら

7 ルカ二一・一九
8 マルコ八・三六、三七
9 マタイ一八・二二

殴り返すのでしょうか。そうだとしたら、わたし達は自分を制する力がなく、他人に要求している基準を自分自身が到底満足できないことを示すことになります。わたし達の知らなければならない多くのことが、わたし達の魂の内に埋められています。忍耐し、自分の知っていることを実践していく中で、わたし達は恵みをいただき、知識と理解を深めて行きます。主よ、キリストのような忍耐に向けて、わたし達を導いて下さい！

祝福の水路になるということの意味を正しく知り、父なる神が共にいて下さることの気づきが深まると、わたし達の人生において、より大きな忍耐が自然に発揮されるようになります。

「あなたがたも忍耐しなさい。心を固く保ちなさい。主が来られる時が迫っているからです」[10]と聖書は教えます。その「時」とはいつなのか？　それは今日です。主は次のように言われました。「わたしの兄弟であるこの最も小さい者の一人にしたのは、わたしにしたことなのである」[11]と。この約束を通して、父なる神が讃えられるよう、わたし達は兄弟同胞に対して忍耐し、神が共にいて下さることを感じられる世界を広げていかなければなりません。

それ故に、わたし達は次のように祈りましょう。

10 ヤコブ五・八参照
11 マタイ二五・四〇

おお主よ。地上におけるあなたの臨在のなんと恵み深いことか！　どうかわたし達が、光の造り主、光の与え主であるあなたを仰ぎ見つつ、わたし達の前に置かれた競争を忍耐をもって走り抜けることができるようにお導き下さい。

(262—24)

How gracious is Thy presence in the earth, O Lord! Be Thou the guide, that we with patience may run the race which is set before us, looking to Thee, the Author, the Giver of light. (262–24)

第八課　扉を開く

視《み》よ、われ扉《とびら》の外に立ちて叩く、人もし我が声を聞きて戸を開かば、我その内に入りて彼とともに食し、彼もまた我とともに食せん。

（黙示録三・二〇）

アファメーション

父よ、あなたはわたしのすべてをご存知です。どうかわたくしも、あなたの国の扉であるキリストの霊を通して、あなたのことを知ることができますように。恵み深き父よ、わたくしに道をお示し下さい。

(262―27)

第八課　扉を開く

（本課はリーディング262―27から262―30に基づく）

わが魂よ、汝、なに故にためらうや？
新しき力は信仰によりて、
日々新たにされる信仰と努力によりてのみ
もたらされることを知らぬか？
汝が力の限りその腕を伸ばして扉を開こうとせぬ限り
理解を超えたあの方のことなど、
その姿を垣間見ることすら
かなわぬというのに。

（2118夫人による詩）

はじめに

すべての人は、その置かれている立場や状況がどれほど複雑に見えたり、異なっていても、神の国を継ぐこと、《無限なる神》と一つであるという栄光に至ることが、不変の宿命であり、究極の到達点であることに変わりありません。どの魂の内にも、この宿命に向かって自らを前進させようとする促しがあります。多くの人は無知と誤解のために、全知の神の定められた不変の法則に逆らい、あがき、自分本位の願望を満足させようとします。しかしいつか、あがいている魂達も、生命の真実に向き合い、自分の意志を創造主の聖なる意志と一つにしなければなりません。その時に至ってはじめて、「わたしと父とは一つである」[1]ことが体得され、平安が自分のものになります。

この世において、神の国の扉はどこにあるのでしょうか。わたし達が自らの人生にキリスト意識を現そうとする時、そこに現れます。この扉は、一人一人が、自らの努力によって開けなければなりません。これまで、各課を通じて一貫して強調されてきたのも、このキリスト意識を呼び覚ますということでした。それぞれの課において、魂の徳性――つまり、わたし達の内的な能力――の一つが取り上げられました。一人一人がこれらの徳性、能力を日常生活の中で努力して適用することで、魂

1 ヨハネ一〇・三〇

は肉体を通して自らを発揮する能力を高め、発達させるのです。

しかし、わたし達は自らに問うてみなければなりません。「わたし達の中の誰が、本当に他人と協力することを学んだだろうか？　わたし達の中で誰が自己を知り、兄弟同胞に対する自分の立場を理解しただろうか？　誰が、その理想を完全にキリストに一致させたであろうか？　誰が、その信仰ゆえに義と認められるほど、父なる神と御子[1]への信仰を深めたであろうか？　誰が十分な徳を積み、理解を増してきただろうか？　誰が、父なる神との親しき交わりを得たであろうか？　誰が忍耐によって自らの魂を所有しただろうか？」と。

キリストの霊[2]は、キリスト意識を実行するところに顕れます。キリストの霊は、魂の力を発揮することで、すべての人にやって来ます。創造の力が花の種を揺り動かすように、「協力」、「自己を知る」、「理想」、「信じる力」、「徳と理解」、「忍耐」を実践して魂の力が発揮されるにつれて、それらがその人を揺り動かし、成長を促します。時至れば花が咲くように、人の魂も、キリストの霊を通じて、持てる力と栄光を最高に発揮するのです。

自己を調える

道のために備えるとは、自己を調《ととの》えることを意味します。わたし達一人一人が、道であるキリストの入り給う扉なのです。「視《み》よ、われ扉の外に立ちて叩く」[2]、「わたしは道であり、真理であり、命である」[3]とイエスは言われました。わたし達は、キリストが共にいて下さるという意識と自覚を、自らの肉体生活と精神生活の両方にもたらす努力をしなければなりません。ここで学ぶべきことは、「霊は生命であり、心は造り手であり、肉体はその結果である」ということです。

キリストの霊の働きに自らを完全にゆだねた時にはじめて、わたし達は正しくも「内なる御国の扉が開かれた」と言うことができます。利己的な思いや感情をすべてぬぐい去り、それに代わって、神のご意志をこの世に実現するために神に用いられたいという願いで充溢させなければなりません。自分の幸福よりむしろ兄弟の幸福を求める人は、その善に相応《ふさわ》しい報酬を受け取ることでしょう。それとは対照的に、わたし達の生き方が自己中心的になっていくと、最後には人生が行き詰まり、人生に欺かれていると感じるようになります。このような状態では、たとえ善を施す機会があったとしてもそれらに背を向け、自分に注がれていた善の流れすら堰《せ》き止めてしまいます。

2 黙示録三・二〇
3 ヨハネ一四・六

わたし達は道を志しているのです。そうであれば、死をまぬがれない人間の作った障害など目もくれず、唯一の目標に向かって進みましょう。わたし達は誰を信じているのですか？　万物はその方によって存在しているのではありませんか？　このことがわかれば、わたし達はすでに神のものです。わたし達が神を選ぶことで、神もわたし達を選んで下さるのです。自分が神と一つであることを悟れば、わたし達は神の働き手となり、自分の見出した喜びと平安と幸福を周りの人達に伝えるようになります。それともわたし達は、神の召し出しに応えないつもりなのでしょうか。

では、どのように始めたらいいのでしょう。わたし達の手元には何がありますか？　その手元にあるものを活かせばいいのです。これまでわたし達は日々何を作ってきたのでしょうか？　これまで培ってきたものを活用すればいいのです。そして、恐れることなく扉を開け、神を招き入れるのです。そうすれば、神はわたし達と共に住んで下さいます。信仰はかがり火となって、父の家に至る道を照らしてくれます。父の家の扉はわたし達に向かって開かれています。神の家の祝宴に入る時の合い言葉は「奉仕」です。その時わたし達は、「さあ、わたしの父に祝福された人たち、あなたたちのために用意されている国に入りなさい――わたしの兄弟たちよ、これらのもっとも小さい者の一人にしたのは、わたしにしたことなのである」[4]という言葉

4　マタイ二五・四〇参照

と共に招き入れられることでしょう。

信仰をもち、人々に仕えようとすると、わたし達は、内面のさまざまな葛藤や抵抗にあいます。その中でも、自己中心的な性格と神経過敏な性格は大きな障害です。これらの性格は、わたし達の視野から《理想》を隠し、同胞と心から打ち解けて協力することを難しくさせます。わたし達の成長を遅らせ、何をしても無意味・無価値に思えてしまいます。こういった傾向が高じると、最後には自己破壊的なことすら考えるようになります。わたし達は、自己を失い、《霊》に導かれることによってのみ、真に自由になり、永続的な価値をもつあらゆることを実現できるのです。わたし達の心の中に、疑心、不平不満、自分を責める思いが忍び込んでくると、扉は徐々に閉じて行き、ついにはかすかな光すら認められないほど完全に閉じられてしまいます。このような意識が心を支配している限り、絶望から抜け出すことはできません。わたし達は、光を締め出す扉の前で――つまり、神と神の恵み[5]に対して扉を閉ざしたまま――生きることになります。神を疑い、神を否定することを最上とするような社会で、自殺や、殺人や、あらゆる種類の罪悪が行われたとしても何の不思議があるでしょう。今この世にあって、もっと完全な道を受け容れることのできる人は、それほど少ないのでしょうか。イエスはこの世に勝利され、道になりま

5 神の恵みとは、神の無償の愛を意味する。

した。同じように、奉仕を通してイエスの歩みに従うわたし達も、あらゆるものに勝利することができるでしょう。

扉を開く

キリストを招き入れるには、わたし達自身で扉を開けなければなりません。では、どのようにすれば扉を開けられるのでしょうか？　何事もキリスト意識を基準に判断し、日々の生き方を通じて周囲の人達にキリストの愛を表すことによってです。キリストの愛を表す時、わたし達は内なる《霊》に耳を傾けます。《霊》はわたし達の呼びかけにただちに応じてくれます。《霊》の声は嵐のように来るものではありません。静かで小さな声として来ます。[6]わたし達がその声に耳を澄まし信頼すれば、その声はあらゆることを教え、すべてのことを思い出させてくれます。[7]

この偉大なる《知性》、大いなる《わたしは在る（I AM）》は、心の扉を開きさえすれば、わたし達の心の中に入ってきます。この偉大な《知性》を知る道は、リーディングの次の言葉に示されています。すなわち「主の御名を呼び求めてきたあなた方は、祈りと瞑想を通して学んできた知恵を、あなた方の日々の歩みと行為の中

6 列王記上一九・一二、ヨブ記四・一六
7 ヨハネ一四・二六

で発揮せよ」[8]と。

優れた国王は、その国民とできるだけ接する努力を払い、国民の必要としているものを理解し、法に対して特別に忠実であった者には速やかに褒賞を与えます。人間の王ですらそうなのですから、子らを見守る天父がどれほど心をくだいて、その子を助けようとすることでしょう！　しかし、神は、神ご自身を顕現される前に、わたし達が神の御顔を求め、神のいますことを信じることをわたし達に求められます。聖書に「汝ら(3)わが民とならば、われ汝らの神とならん」[9]とあるように、もし神の国に至る扉を開けようと望むなら、わたし達はそれに見合うだけの努力をしなければなりません。

父なる神に至る道とは何でしょうか？　わたし達はキリストを通して、すなわちキリスト意識をもつことで、父なる神に至り、扉を開け、道を見出し、神の声を聞くのです。助けを求める人の声に耳を塞ぐ時、わたし達は神の臨在に至る扉を閉じます。なぜなら、彼らに背を向けるということが、そもそもキリストの精神に背《そむ》くものだからです。聖書に次のようなたとえ話があります。神によって義とされた人が、神に問いました。「わたしはいつ、あなたが裸であるのを見て服を着せ、空腹であるのを見て食べさせ、旅人であるのを見て宿を貸したのでしょうか？」それに対

8　262–27

9　ヘブライ八・一〇、レビ記二六・一二、エレミア三〇・二二参照

して神はこう答えます。「わたしの兄弟であるこのもっとも小さい者の一人にしたのは、わたしにしたことなのである」[10]と。兄弟同胞にやさしい言葉をかけ、苦しみのいくらかでも軽減することができた時、わたし達はキリストが入り給う扉を開けているのです。キリストを経ずして神の国に入ることはできません。キリストのみが神の国に至る唯一の道なのです。

わたし達がキリストの御霊の働きを高めるにつれて、わたし達自身も、他の人々を道に招き入れる扉になっていきます。そのことを自覚しましょう。わたし達は三次元の物質界に生きています。ですから、周りの人々にこの道を伝え、この道に気づいて欲しいと誠実に願うなら、わたし達が発揮しようとしている霊性も、この世の言葉で語られ、この世の働きを通して表現されなければなりません。愛について、わたし達が人前でいくら雄弁に語ったところで、人々の心を明るくする微笑みややさしさといったささやかな行為を忘れていたら、一体、その言葉にどれだけの価値があるでしょう。

自分の内にあるキリスト意識に気づき始めると、わたし達は、キリストの《霊》を自分の行為に表すようになります。わたし達は、自らの霊的属性を日々実践することで生きた実例となり、自分が主と一つであることを示すようになります。このよ

10　マタイ二五・三八、四〇参照

うにして、わたし達は、自分自身が扉を開けるだけではなく、他の人々が通るための扉になって行きます。この道に励む時、道の途上で出会う人達も真理を求める人であり、神が養い給うイスラエル(4)の民であるということを忘れてはなりません。

父なる神を知る

神は、父としてわたし達のことを知り給います。ですから、わたし達も父としての神を知ることができるはずです。神は、わたし達が兄弟同胞との間に築く人間関係によって、わたし達を計り給います。わたし達は、人に与えたように与えられ、人を計った秤で計り返されるのです。[11] わたし達が人を許したように、わたし達もまた許されます。これは、神がそのように望まれるからではなく、わたし達の思いと言葉と行為が、そうなることを選択するからです。神は、どの人にも分け隔てなく神の国を与えることを喜びとされます。わたし達はそのような父を知っているでしょうか？　知っているなら、つまずき倒れている隣人に愛と共感の手を差し伸べようではありませんか。わたし達が彼らの手を取って引き上げる時、まさにその時、わたし達自身も神の腕の中に引き上げられているのです。人はそれぞれ自分に必要な

11 マタイ七・二、マルコ四・二四、ルカ六・三八

経験をしています。ですから、それぞれの成長過程を尊重し、認めなければなりません。群衆の中のイエスを一目見ようと、木に登ったザアカイのことを思い出して下さい。[12] ザアカイはより広い視野を求めて高い所に登り、その日、《真理》と食事を共にすることを許されたのです。⑤

わたし達は、神の属性をこの地上に顕わすことで神を知ります。しかし、一日で神の属性のすべてを知ろうなどと望んではなりません。むしろ、一歩一歩、少しずつ、教訓に教訓を重ね、ここに少し、そこに少しという具合に、日々、神について知ることを望むべきです。

「わたしの願うことではなく、御心《みこころ》に適《かな》うことが行われますように」[13] という祈りの言葉に従って生きることを熱心に求め、主の内に自己を失うなら、ついにわたし達は父なる神の国の扉であるキリストと一つになります。わたし達は、神がわたし達の奉仕を要求する身勝手な主人などではなく、むしろ全能なる与え主、わたし達が必要とするすべてのものを理解される父として知るようになります。次の詩を作った詩篇作者は、このことを十分承知していました。

　わたしはあなたの律法《りっぽう》をどれほど愛していることでしょう。
　わたしは絶え間なくそれに心を砕《くだ》いています。

12 ルカ一九・二

13 マルコ一四・三六

神のご意志を自分の意志にしたその時に、わたし達は父なる神のことを新たに知ることになるのです。

（詩編一九九・九七）

奉仕の目的

わたし達は兄弟を守る保護者です。この真実に立って、新しい物の見方、考え方が現れ、新しい秩序が生まれつつあります。「古いものは過ぎ去り、見よ、新しいものがまさに現れようとしている」[14]。わたし達は、同胞に対する人間のあるべき姿を、これまでとはまったく違った視点で捉えなおそうとしているのです。わたし達の長兄であるイエス・キリストが示された思いやりと愛の本質をもっとはっきり捉え、それをキリストの霊において、ほかの人達に伝えましょう。ただ座って無為に明日を待つことのないように。主が共にいて下さるという偉大な約束、特権、機会を今日、活用するのです。利己的な心は、無私の心の中に呑みほしてしまいましょう。

奉仕には大きな意義があります。出口を失った小川の流れは、そのうち、よどみ濁ってきます。同じように、自分を成長させることだけが奉仕の目的ではありませ

14 黙示録二一・一〜五参照

ん。そこにはより大きな意義があります。すなわち、わたし達の兄弟も、あの《光》について知るよう導くことです。兄弟に仕え、《光》を伝えることは、わたし達の責任であり、また喜びです。このような奉仕はときに困難を伴います。しかし主が、荒れる波をわたし達のために静めて下さいます。主は、疲れた者を慰藉《いしゃ》して下さいます。どのような試練が臨もうとも、信仰をぐらつかせてはなりません。わたし達の働きを見た人達が《導き手》である主についてもっと良く理解できるよう、自己を無にしましょう。主は《光》であり、わたし達が主に近づくにつれて、道は一層明るくなるのですから。

祝福の水路になろうとするなら、わたし達が日頃伝えていることを自らの生活の中で実践しなければなりません。毎日、ふさわしい霊的な真理を選び、それをまず自分のために実行し、次に、周囲の人々のために実行します。そうすれば、人は、わたし達が伝えていることをわたし達自身がしっかり実生活で実践していることを知ります。このようにすれば、人に伝えられます。「見よ、わたしは世の終わりまで、いつもあなたがたと共にいる」[15]と言われたイエスの言葉を胸に刻んで進みましょう。

15 マタイ二八・二〇

神の国

内なるキリスト意識に気づくということは、わたし達の人生にキリストの霊が現れるための道を開くことを意味します。求めるすべての人に、この道は開かれています。そこには多くの試練があるかも知れません。しかし、キリストの霊をいただくことで、わたし達は試練に向かうことができます。わたし達は意識のどこかで、自分の人生がキリストの力に守られ、導かれていることを知っています。その自覚を、自らの拠り所にすることができます。それでも不安になったり疑心が起きた時には、それはわたし達に祈りが必要だという徴候《サイン》です。不安や疑心に長居をさせてはなりません。むしろ、顔を上げ、前に向き直るだけで信仰が甦ってくることを感謝しましょう。信仰の上にこそ、わたし達の希望は建てられるのですから。

地上に王国を建てることは生涯をかけて求めるだけの価値があります。王国をしたがえるということは、責任を伴いますが、同時に栄誉をもたらします。自分の力で、それもおそらくは人々のために何かを成し遂げるということは、それに見合った満足を与えてくれます。地上の王国ですらそうなのですから、この世の初めからわたし達のために備えられた神の国を継ぐということは、どれほど栄誉あることでしょう。それを妨げているものは何でしょうか？　自己です！　自己が唯一の障害であることがわかれば、わたし達は自己を脇に押しやり、《霊》の導きに従って、神の国を継ぐ権利を完全に自分のものにしようと求めるのではないでしょうか。このように生きることではじめて、「わたしは天と地の一切の権能を授かっている」[16]といわれたイエスの言葉が、わたし達の上で祝福としての意味を発揮するのです。

静まれ、わが子らよ！　頭《こうべ》を垂《た》れよ。かの《霊》をこの世に顕現させることがこれほど必要とされるこの時代にあって、奉仕のために召し出された汝らに[17]、「道の主」[18]が――《光》を求める人には道が示されるであろうことを――知らせよう。父の栄光は、召し出されたところの目的に忠実なる汝らを通して現されるであろう！　主の御名を呼び続けていた汝らは、日々の生き方を通じて人々に主の道を示すであろう。自分自身の人生の一部としてきた教訓をささやかな行為に移す時、あるいは祈りや瞑想の中で人々と交わることで、人々に主の道が知らされるであろう。なぜなら、主はすべての人のもとを訪れ――誰でも望む者のところに来たり――そして、黄金の笏《しゃく》はイスラエルから離れることはな[6]いことを、主の道は虚しからざることを汝らが知るよう、汝らの良心の戸口に立ち給うからである。汝らが聞きさえすれば、今日、道は汝らに開かれん。わ

16 マタイ二八・一八

17 狭義には、この『神の探求』のためのリーディングを得ていたノーフォーク第一スタディグループのメンバーを指すが、広義には、内なるキリストの霊の促しに従うすべての探求者を指すものと理解すべきである。

18 「道の主」とは守護天使ミカエルの別名とされる。

れ、ミカエルが汝らに告げる！　（262—27）

汝ら人の子らよ、頭を垂れよ。汝らが主の道を知ることができるよう、「道の主」なる我ミカエルが汝らに戒めを与える。汝らの兄弟の道を妨げてはならぬ。嘲《あざけ》る者の座に着いてはならぬ。むしろ、すべての人が恐れから解放されるよう、主の御名には愛と栄光と御力があることを知らせよ。われ、ミカエルが語った！　（262—28）

おお汝ら、人の子らよ！　頭を垂れよ。汝ら一人一人に置かれた信頼に誠実であるなら、主の栄光は汝らのものである！

汝らが信じてきた方は誰なのか！　主は、すべてのものの主であり、日々忠実な者に対して主の言葉は虚しからず。そのことを覚えよ。主の御顔を尋ね求める者を、われ、ミカエルが守る！　（262—29）

かくてわたし達の祈りは次の言葉となります。

父よ、あなたはわたしのすべてをご存知です。どうかわたくしも、あなたの国の扉であるキリストの霊を通して、あなたについて知ることができますように。恵み深き父よ、わたくしに道をお示し下さい。（262—27）

As the Father knoweth me, so may I know the Father, through the Christ Spirit, the door to the kingdom of the Father. Show Thou me the way.（262–27）

注

(1)「御子」についてリーディングは次のように説明する。「父なる神と意志を一つにすることにおいて、イエスはこの物質世界で最初の者になった。それ故、人間の視点からすると、最初の、ただ一人の御子となり、あらゆる宗教における模範になったのである」（900—17）と。

(2)キリストの霊とキリスト意識はリーディングに次のように定義されている。
問：キリスト意識とキリストの霊の違いをわかり易く説明して下さい。
答：あなたの霊の意識と、その霊を適用する能力が違うように、キリスト意識とキリストの霊もそのような意味において区別される。キリスト意識がキリストの霊を生み出すのである。（262—29）

(3)聖書のこの言葉は、神があたかもギブ・アンド・テイクの精神で人間の側に立ったり立たなかったりするような印象を与えるが、この聖句の意味するところは、神と人との関係を成り立たせているものは、神からの一方的な恵みによるものではなく、人間の側からの働きかけも等しく重要であるということである。リーディングはこれを次のように説明している。「あなたがたに愛する子供がいたとしよう。親を求める子供と、求めない子供のうち、どちらにあなたは応じるだろうか。これは、あなたが一方の子供により大きな愛情をかけているというわけではない。これは相互的な反応である！」(1158—9)と。

(4) リーディングのいう「イスラエル」とは特定の民族を指すものではない。イスラエルとは、「道を求める者」(262—28)という普遍的な意味で用いられる。従って、道を求めるなら、われわれもイスラエルである。

(5) ザアカイは徴税人の頭として、また背がひどく低いという身体的特徴から、同じユダヤ人から忌み嫌われていたことがルカ一九章に出ているが、どのような人間であれ、その人の為し得る最大の誠実さをもって主に近づこうとするなら、主はそれに応えて下さることをこのザアカイの出来事は伝えている。

(6) 「黄金の笏」とはもともと王権を象徴するものであるが、それを考慮にいれても、このリーディングは難解である。幸い、別のリーディングがこの言葉の意味を説明している。

問：「黄金の笏はイスラエルから離れない」とはどういう意味ですか？

答：イスラエルとは主の選民であり、主の約束、主の配慮、主の愛は主の道を求める者、主の顔を求める者、主に近づこうとする者から離れることはない。これがその意味である。このことがすべての人に理解されなければならない。求める者はイスラエルである。求めない者は、イスラエルにあらず。「神はこんな石ころからでも、アブラハムの子たちを造り出すことがおできになる」(ルカ三・八)という聖書の言葉を知らないか。アブラハムとは「召し」という意味である。一方、イスラエルは「求める者」という意味である。彼はどのようにしてイスラエルという名前を授かったか？ 彼が天使と格闘したからである(創世記三二・二九)。彼が面と向かって神の道を求めたからである。われわれもまた召し出され、主の顔を求めるなら、イスラエルである。笏、

つまり主との約束と愛と栄光は、主の顔を求める者から離れることはない。そのことを覚えよ！　(262—28)

第九課　神とともに

我、汝らの中《うち》に歩み、また汝らの神となら ん。汝らはまたわが民となるべし。
（レビ記二六・一二）

アファメーション

天にましますわれらの父よ、わたしの中《うち》におられるあなたによって、地上に御国が来たりますように。日々わたしと接する人達が、あなたの御言葉で照らされますように。兄弟のうちに在り給うあなたにわたしの目を開かせ、あなたの栄光を讃えることができますように。願わくば、あなたがわたしと共にあることを人々が知るような人生を、それによってあなたの栄光が人々から讃えられるような人生を、わたしに送らせて下さい。

（262—30、答12）

第九課　神とともに

（本課はリーディング262―31から262―34に基づく）

城門よ、頭《あたま》を上げよ
永久《とこしえ》の門よ、身を起こせ
栄光に輝く王が来られる。

（詩編二四・七）

はじめに

わたし達のものの考え方、口にする言葉、行動、人生全般に対する態度は、わたし達が神をどのように理解しているか、その理解のあり方によって方向付けされます。わたし達の内的生活の質や、周囲の状況や人間関係に対するわたし達の対応の仕方も、結局は、神が共にいて下さるということをわたし達がどのように自覚しているか、またその自覚に対してどのような努力を払ってきたかを反映するものだといえます。

人は誰でも、神の戒めを守り実行するならば、神の臨在を経験し、その事実を知り、理解します。しかし、神をわたし達から分離した存在のように考えたり、努力して体験したり認識するようなものだと思っていると、ちょっとしたことで、自分が神のうちにあるという事実を見失ってしまいます。神は常にわたし達と共にあります。なぜなら、わたし達は神のうちに生き、動き、存在するのですから。[1] わたし達はこのことをしっかり理解し、わたし達が神の子であることを知る必要があります。

神は、万物の創造の背後にある霊です。神は一つです。わたし達は、神をその創造物から切り離すことはできません。神を創造物から切り離そうとすると、わたし達は二元論の迷妄に陥り、混乱してしまいます。自分自身を創造主から切り離した

1 使徒一七・二八

り、分離した存在だと見なすと、わたし達は舵《かじ》を失った船のようになります。

神とその創造物はこれまでも、そしてこれからも常に一つです。しかし、神と一つであるという事実も、それ自体ではわたし達の生き方を変えるものにはなりません。わたし達が神と一つであるという真実に目覚め、自分の意志でそれを受け容れることによってはじめて、わたし達の内部で有益な変化が起こり、人生が新しい意味を持つようになるのです。なぜなら、わたし達は自由意志を与えられた存在だからです。神は、わたし達が思い描くような人格的存在ではありません。しかし、神の臨在を求める者にとって、神は親しく個人的な存在となります。神は、すべての存在に対して神であり、神を求める者に対しては父となります。

イエスが、地上で肉体の姿をとっておられた時に強調されたのも、わたし達が父と一つであるというこの真実でした。イエスは人々に向けて高らかに宣言されました。「自分ではなにもできない。わたしの内におられる父が、その業《わざ》を行っておられる」[2]と。まったく同じように、神の働きを為そうとするわたし達は、わたし達のうちに臨在し給う神をいつも自覚できているよう努力しなければなりません。導き、助け、支援、喜び、平安など、人生を生きる価値あるものとする要素はすべて、わたし達自身のうちに存在します。「求めよ、さらば見出さん。叩けよ、さらば開かん」[3]

2 ヨハネ八・二八、一四・一〇参照

3 ルカ一一・九

とある通りです。

リーディングは次のように告げます。「おお、汝ら人の子らよ、主なる汝の神は一つである。どの霊も、どのような成長過程にいようとも、あの唯一の方――さよう、主、神、エホバ、ヤー――かの全一の方についての知識、理解、概念に向かっているのだ」[4]と。

わたし達は、わたし達自身の内にある静かで小さな声に耳を傾け、神の臨在がわたし達と共にあることを知った時にはじめて、わたし達が神と一つであることを悟るのです。

神の臨在を知る

わたし達の魂は、神のもっとも単純な構成要素であり（人間がそれを複雑なものにしているだけです）、その魂の内にわたし達は神の存在を見出します。自分の内にも外にも神の臨在を感じられるようになると、わたし達は静まり、心配や不安は消え、新しい力が漲《みなぎ》ることに気づきます。神の霊は魂を通して――魂の諸力を通して――語りかけます。どのようにすれば、そのことを知ることができるのでしょう

4 262–32 参照

か？　それを知るには、まず自分が神の臨在に対してどのような態度を取っているか自覚できるまで自己を見つめ、瞑想しなければなりません。古《いにしえ》の人々は「その驚くべき知識はわたしを超え、あまりにも高くて到達できない」[5]と言ってきました。わたし達も、肉体にある人間がそのような知識に到達するのは不可能だと感じることがあるかも知れません。しかし、わたし達はどうして神の言葉をその通りに受け取ることができないのでしょう？　神が惜しみなく下さる恵みと、愛と、慈悲をどうして受け取れないのでしょう。「あなたがたの中で知恵の欠けている人がいれば、だれにでもとがめだてしないで惜しみなくお与えになる神に願いなさい」[6]「まことに、主であるわたしは変わることがない」[7]と聖書は教えているではありませんか。

神をわたし達から離れた存在だと思ってしまうと、わたし達は、内在の神を知る力を曇らせることになります。内なる霊の熱気を冷《さ》ましてはなりません。神の霊がわたし達の霊とともに証しして下さる時、[8]わたし達は自分自身のことだけではなく、兄弟や友人、敵についても、もっとよく理解できるようになります。わたし達の前にどのような課題が置かれようとも、神の配慮と力がわたし達に臨むことを知って、恐れることなく取り組みましょう。神の光はわたし達の行く手を照らし、道を示して下さいます。神は、道に倒れそうになるわたし達を支え、わたし達に危害が及ぶ

5　詩編一三九・六
6　ヤコブ一・五
7　マラキ三・六
8　ローマ八・一六参照

のを許されません。願わくば、いつ、いかなる時にも、神の臨在を感じて生きることができますように。そして、わたし達の為す業によって、わたし達自身を証しさせましょう。

エゴが次第に小さくなり、希望と信頼をいよいよ《言葉》[9]に求めるにつれて、わたし達は一人一人が神の臨在にもっと気づくようになります。神を知ろうとする者は、神がおられることを信じ、神は、神を熱心に求める者に報いて下さることを信じなければなりません。「主は羊飼い」(1)という一節を読みながら、この言葉を自分に当てはめた時にその真実なることを何度疑ったことでしょう。自分の意志を神の導きに服従させることによって、神の御心を行おうとする者に、神はどんな良きものを惜しまれることはないということを、わたし達は少しずつ理解していくのです。

9 ヨハネ一章参照

自己を調える

神の臨在のうちに自分を保つことは、必ずしも容易なことではありません。この世の心配事が心に入り込むのを許してしまうと、わたし達は精神的にも肉体的にも神の臨在から引き離されてしまいます。わたし達がさまざまな成長段階にあるように、わたし達の意識状態もさまざまに異なります。ある人にとって自己を調えるのに不可欠なことが、別の人にとっては二次的な意義しかもたないということもあります。しかしながら、次の原則を守ることはどの人にとっても有益です。

一　正しい判断と清らかな生活のための規則。

二　大きな誘惑と試練の時にも力強くあれるよう、瞑想と祈りの時間を特別に設ける。

三　悲しみの時にも、喜びの時にも、いつも神が共にいて下さるという意識をもつ。なぜなら、心は形成者であるからだ。

四　わたし達の公言している信念と、わたし達の掲げる理想とが一致していることを、ほかの人が納得するような行動を取る。

わたし達は自らが公言するものの生きた実例にならなければなりません。しかし現実には、わたし達の多くは、公言するものから随分隔たっており、その行動はキリスト意識に一致しません。それどころか、わたし達の言動がしばしば、周囲の人々に神の属性を誤解させるもとになっています。

「わたしを愛しているならば、わたしの掟を守れ」[10]と聖書にあります。では、何が主の掟なのでしょうか？　「このもっとも小さい者の一人にしたのは、わたしにしたことなのである」[11]とある通りです。そうすれば「あなたがたをわたしのもとに迎える。こうして、わたしのいる所に（意識において）あなたがたもいるようになる」[12]という約束を得ます。

わたし達が神の臨在のうちに住まう時、どのような試練がわたし達に臨もうとも、身も心も引き裂かれるような苦しみに涙しようとも、わたし達の霊は喜んでいるのです。あたかも、あの試練のただ中にあって、イエスを否《いな》んだペテロに向かってイエスが微笑まれたように。[13]

どのような状況にいても、わたし達は常に、神の臨在についての自分の理解を肉体的にも、精神的にも、また霊的にも反映しています。このことを覚えておきましょう。適格者と認められて神の前に立てるには[14]どのような生き方が必要かをよく考え、そのような生き方を努めましょう。そうすれば、実例としてのわたし達の生き方に――つまり、わたし達の守る掟や、言葉、働きの中に――神の臨在の光が現れるようになるはずです。

10　ヨハネ一四・一五
11　マタイ二五・四〇参照
12　ヨハネ一四・三
13　マタイ二六・六九～七五、マルコ一四・六六～七二、ルカ二二・五四～六二、ヨハネ一八・一五～二七参照
14　第二テモテ二・一五

では、わたし達の同胞はどうなのでしょうか？　どのような成長段階にいようと、彼らもまた、その生き方や活動において、彼ら自身の神に対する理解を表しています。彼らの生き方は、彼らの崇める神を反映し、彼らの行動は、彼らの内なる霊を示しています。そして、彼らもまた、彼ら自身の尺度でわたし達を計っているのです。

肉体的に健康であるということは、わたし達が肉体の法則をよく守っていることを表しています。肉体をより質の高い状態に維持しようとするのであればなおさらのこと、健康について細心の注意を払わねばなりません。そのような配慮を怠れば、肉体は不調和を起こします。わたし達が自分の周囲にどのような環境を作り出しているか、また、どのようなタイプの人達と交わっているか、そのようなわたし達の目に見える行動は、わたし達にとって神がどれだけ身近な存在であるのか、法則がどれだけ身近であるか、愛がどれだけ身近であるかを表しています。

肉体の活動が肉体の強靭さを表すように、精神の活動は精神体《メンタルボディ》の強靭さを表します。人間の肉体的な行動や活動を抑制するという問題は、法律や慣習によってある程度達成することができます。しかし、わたし達の精神状態をコントロールするという問題は——精神活動の誤りは肉体活動の誤りに劣らず有害であり、無限なる神との同調を失わしめるものでありながら——まったく個人に任せられ、各個人においいて解決されるものとなっています。わたし達が神をどのように理解しているか、その理解のあり方は想念の波動となって周囲に放射され、あるいは口から出る言葉として、あるいはまた肉体の行為として、周りの人々に影響し、彼らの心に印象を残します。

わたし達はどれだけ霊的な人生を送っているでしょうか？　わたし達は、瞑想と祈りによって神と接することをどれだけ求めているでしょうか？　人生に対する姿勢や人生観の中心に、しっかりとした霊的な理想があるでしょうか？　周りの人々はわたし達にこのような生き方を期待し、また、それらに影響されます。わたし達は神を信じています。しかしその信念を、言葉や、思いや、行為や態度に表しているでしょうか？

永遠の臨在を経験する

わたし達が神と共に歩み、語らい合っていることを感じられる時、あるいはまた、神の約束が確実であることを確信できる時、わたし達の内にゆるぎない平安がもたらされます。たとえ奉仕が世俗的には大きな犠牲を強いるものであったとしても、神と共にあることを確信できるなら、わたし達は喜んで自分を奉仕に差し出すことができます。喜びは、自分を益する行為からは得られません。優しい言葉や、思いやりや、親切な行為によって奉仕しようとするなら、イエスが為されたように、自分自身を与えなければなりません。

神と共にあるという自覚が深まるにつれて平安がもたらされ、それによってわたし達の孤独や不安は一掃されます。そして、自分が神の大きな計画の一部を為しているという意識が生まれます。これは、自分の内にも外にも神を認めることを意味します。このことが実感されれば、道はもっと歩みやすくなります。わたし達は、他人のことをこれまで以上に思いやることができるようになります。人を裁き、非難する気持ちは心から追い出され、むしろ神の祝福がその人の上にあることを願うようになります。

聖書に「わたしが自ら同行し、あなたに安息を与えよう」[15]とあります。これは、わたし達が忠実であれば、神は聖霊を遣わしてわたし達を守って下さるという約束です。それには、自分の理解していることを実践していけばよいのです。その時に神の導きが具体的な結果として現れようとなかろうと、確信をもってどんどん進むのです。そうすれば、まったく予期しない時に、自分の望みが既にかなえられていた

15　出エジプト記三三・一四

ことに気づくことでしょう。わたし達は、信仰と知識と理解においてまだ子供です。わたし達は教えられ、鍛えられなければなりません。電流の通っている電気コードを子供に任せることができるでしょうか？　まして、わたし達が愛と鍛錬と信仰によって神の法則を理解していない段階で、神に属する力を信託されるということがあるでしょうか。神は、わたし達に神の国を与えることを喜びとされます。しかし、忍耐を通して自分の魂を所有することを学んだ時に初めて、神の国はわたし達のものになるのです。

メンバーの体験

「わたしは身に覚えのない罪に問われ、逮捕されたことがあります。冷ややかな警察官達を前に、こんな言葉が心に浮かびました。『もし神がわたし達の味方であるならば、誰がわたし達に敵し得るだろう』[16]と。そして次に『恐れることはない』[17]というイエスの言葉が出てきました。主の臨在が辺りを支配し、その力があまりに強く迫ってきたので、この世的に見れば屈辱的な状況でしたが、

16 ローマ八・三一
17 マタイ一四・二七、ヨハネ六・二〇参照

その場が地上において主の御名を讃える場に変わって行ったのです。主の助けを必要としていただけに、主の臨在がいっそうはっきり感じられたのです。真実、わたし達は神の中《うち》に生き、動き、存在しています。[18] 思いと言葉と行為はすべて神の臨在を讃え、宣《の》べ伝える機会です。そうなのですから、わたし達は神の宣伝広告になろうではありませんか。」

「ある時、大勢の人の前で話すように頼まれたことがあります。あまりに突然の指名だったので、話す内容をまとめる時間はありませんでした。わたしは、いつもなら瞑想に当てていた時間を使って話す内容をまとめようという誘惑にかられましたが、《霊》はそれを許してくれませんでした。そして、内なる者は外なる者より偉大であることをわたしに証明してくれました。講演に先立つ瞑想の間、わたしは自分の内に耳を澄ませましたが、話す内容は浮かびませんでした。そしていよいよ聴衆の前に立ったその時に、話すべき内容がわたしの心に浮かんで来たのです。この時ほど、神の存在を強く感じたことはありませんでした。言葉が何の苦もなく、わたしの口から出て来たのです。わたしは、自分の口から力に溢れたメッセージや、人々を勇気づけ、助けとなる言葉が出て

18 使徒一七・二八参照

くるのを感じました。その時、話をしていたのはわたしではなく、わたしの中の《霊》でした。講演の参加者からも、その時のわたしの講演は、言葉に力があり、話の内容とあいまって見事な講演だったとの賛辞をいただきました。わたし達は自分の弱さを認め、その上で内なる神の臨在に依り頼む時、強められます。わたし達が困難に打ち負かされることがあるとすれば、それはわたし達が神を忘れた時だけです。今日の試練の時代にあって、もしわたし達が、救いの希望を人間の手の上ではなく、父なる神の御手の内に置くならば、わたし達はまさにこの世のものを征服する者となります。」

「わたしの中に『神はわたしの外ではなく、わたしの一部としていつもわたしと共にいて下さる』ということを知っている部分があります。朝から晩まで、一生懸命仕事をしている時も、夜、静かに黙想している時も、神はいつもそばにいて下さいます。物質的な生活の重荷に負けそうな時にも、手を止めて耳を傾ければ、神はわたしと共にいて下さることを確信させ、わたしを安心させて下さいます。」

守りは神の臨在にある

造り主の臨在を恐れないようにしましょう。神は子らに対して、子らとの間に立てた約束を喜んで果たそうとされます。神の顔を求める者には、いつでも神の道を示して下さいます。美しい自然を創造し、宇宙の調和を支配する法則を定められた神が、その被造物の一部をほったらかしにしたり、命を保つ力を与えないということがあるでしょうか？　神の道は御子によって模範が見事に示され、この道を歩もうとする者を普遍的な《力》がいつも助け、力づけてくれます。

神の臨在を求めんとする汝らよ、頭《こうべ》を垂《た》れよ。神の力の内に強くあれ。汝自身の弱さに躓かぬようにせよ。汝の救い主は生きておられ、汝らと共にあるのだから。今日、汝らの心にそれが明らかにされるかも知れぬ。主がお入りになることを妨げるあらゆるものを汝の肉体と意識から一掃せよ。されば主は来たりて汝と共に食せられん。おお人間よ、汝はその決意を宣言するか？　汝らは神と一つになることを求めるか？　わが守護する道は、主の力にある栄光へと導くものである。われ、ミカエルが汝を導かん。道に背いてはならぬ。躓くな。汝は道を知るのだから。

（262―33）

わたし達は、自分の力や地上の知恵によって栄光を受けるのではなく、主において栄光を受けることを求めましょう。自分の知力のみを頼みとする人はたやすく躓きの石へと変じ、多くの人の道を妨げることになるからです。わたし達を妨げ、わたし達に疑いをもたらし、不安にさせるものをわたし達の中から追い出し、神の臨在を余すことなく知ることができますように、内なる《真理の霊》[19]によって小麦とそのモミガラを選り分けましょう。[20]

かくしてわたし達の祈りは次のようにあるべきです。

天にまします我らの父よ、わたしの中《うち》におられるあなたによって、地上に御国が来たりますように。日々わたしと接する人達が、あなたの御言葉で照らされますように。兄弟のうちに在り給うあなたにわたしの目を開かせ、あなたの栄光を讃えることができますように。願わくば、あなたがわたしと共にあることを人々が知るような人生を、それによってあなたの栄光が人々から讃えられるような人生を、わたしに送らせて下さい。

（262―30、答 12）

19 ヨハネ一四・一七、一五・二六
20 262-32 参照

Our Father who art in heaven, may Thy kingdom come in earth through Thy presence in me, that the light of Thy word may shine unto those that I meet day by day. May Thy presence in my brother be such that I may glorify Thee. May I so conduct my own life that others may know Thy presence abides with me, and thus glorify Thee.

(262–30, A-12)

さあ、父なる神が人の子らに与え給う素晴らしい愛を讃え、その崇敬の念によってわたし達の心を高揚させましょう！

さあ、主の御名において奉仕する機会を日々与えられることを、皆で喜びましょう！

さあ、「このもっとも小さい者の一人にしたのは、わたしにしてくれたことなのである」[21]という真理に歓喜しましょう！　キリストの愛をわたし達の人生において広げましょう。奉仕がわたし達の心に平安と調和をもたらす喜びであることを、わたし達の奉仕によって人々に知らしめましょう。

さあ、主に感謝しましょう！　なぜなら、わたし達の命とこの肉体が、神がその子らに現し給う愛の住居になるのですから。

さあ、主の聖なる名に場所を譲りましょう。それによって多くの人の人生と経験

21　マタイ二五・四〇

にキリストが来たり、人々の心のうちに喜びがもたらされますように！[22]

22 281–14 参照

注

(1) 聖書の中ではしばしば神が「牧者（羊飼い）」にたとえられるが、パレスチナにおける羊飼いと羊の関係を知れば、わたし達日本人にもこの比喩の意味をより深く味わうことができる。すなわち、聖書地方の羊飼いは一匹一匹の羊に名前をつけ、それぞれの羊について、これは足が弱いとか、これは臆病であるとか、こまかく知り尽くしている。また、移動するさいには野獣の餌食にならないよう、羊飼いは常に先頭を歩き、また一匹でも迷子になれば、どんなに夜遅くなろうとも、その一匹を見つけるまでは決して帰らない。そのような意味において、神は「よき羊飼い」と呼ばれるのである。ヨハネ一〇・一〜一八参照。

第十課　十字架と栄冠

なんぢ受けんとする苦難《くるしみ》を懼《おそ》るな。視《み》よ、悪魔なんぢらを試みんとて、汝らの中の或者《あるもの》を獄《ひとや》に入れんとす。汝ら十日のあひだ艱難《なやみ》を受けん。なんぢ死に至るまで忠実なれ。さらば我なんぢに生命《いのち》の冠《かんむり》を与えん。

（黙示録二・一〇）

アファメーション

われらの父よ、われらの神よ。主が十字架において負われたものが何であったのか、冠を戴《いただ》かれた主の栄光とは何であるのか、よりよく理解できますよう、わたし達をお導き下さい。願わくば主が約束されたように、主の御名において集《つど》い学ぶわたし達のもとにあなたの祝福が豊かにありますように。

（262—34）

第十課　十字架と栄冠

（本課はリーディング 262—34 から 262—38 に基づく）

はじめに

あなたたちは真理を知り、
真理はあなたたちを自由にする。[1]

この課では、わたし達にとって、十字架と栄冠が霊的に何を意味するかを考えます。この課の内容を理解し、この課が導こうとしている方向を知り、他の人達にもこの道を勧めることを願うのであれば、わたし達は次のことを自らに問うてみる必要

1 ヨハネ八・三二

があります。すなわち、わたし達の人生はこれまでどのような力によって促されてきたのか、また、いま現在どのような力によって導かれているのか、そしてこれから先、どのような力によって導かれることを求めているのか、と。わたし達は自分の人生を丹念に調べ、肉的な欲望の充足だけを求めていたり、利己的な動機があったとしたら、それらをすべて捨て去らねばなりません。

これまでの九課を通して、わたし達は、全ての人が日常生活で実践できる真理（霊的教訓）を学んできました。この第十課「十字架と栄冠」では、わたし達の立場を明確なものにする機会が与えられます。それは、わたし達がパウロの次の決意、すなわち「わたしはあなたがたの間で、イエス・キリスト、それも十字架につけられたキリスト以外、何も知るまいと心に決めたからです[2]」という決意を自分自身のものとして受け容れられるかどうかにかかります。

十字架は、わたし達一人一人の人生において、何か特別な意義を持っているでしょうか？　十字架の意味を明確に意識しながら生きているでしょうか？　キリストの霊はあらゆる時代、あらゆる国において真理を啓示し、最後に十字架を受けられました。そして十字架においてキリストは、死と地獄と墓に勝利されました。

しかし、この道を選ぶことで心が偏狭になってはなりません。むしろ、十字架の

2 第一コリント二・二

道がもたらす真の自由を知るが故に、わたし達はこの道を選ぶのです。この道こそ、聖なる造り主の、永遠にして普遍の《霊》の光と真理を具現するものです。

この課に取り組むにあたって、しばらく時間をかけて自分自身に問うてみて下さい。「なぜわたしは十字架の道を選ぶのか」と。悩み事を抱えていたり、精神的に疲れていると、この道は長く険しいものに感じられます。脇道や近道の方が良さそうに見えることでしょう。しかし、真の満足を与えることのできない道によって、永遠の自己をいつまでも誤魔化すことはできません。なぜなら、永遠の自己は常に《永遠なる神》に向かって上昇しようとするからです。この世のさまざまな経験を通して、わたし達は最後には主の道――つまり、奉仕の道、献身の道、無私の道――を認め、受け容れるようになります。わたし達の最終的な目的地に到達するには、あの道――すなわち、わたし達が父なる神のもとに帰還できるように、主イエスが崇高な犠牲によって切り開いて下さったあの道――以外にはないことを悟るようになります。もっとはっきり言えば、主の御名こそ、わたし達を自己から救い得る唯一の名であることを理解するようになります。主イエスが選び取られた十字架の道は、わたし達を滅びから救い出し、この世におけるわたし達の真の目的を理解せしめる光へと、わたし達を導いてくれます。ここにおいて十字架は、全ての人が負い、耐え抜かなければならないものを象徴するものとなります。わたし達が学んで行くにつれて、わたし達の試練の目的が明白になり、わたし達がさらに高まるためには、それらの試練に打ち勝たなければならないことがはっきりわかるようになります。それらの試練とは、わたし達の心の中にあって、わたし達の成長を阻んでいるものであり、わたし達はこれらのものを引き抜き、捨て去らねばなりません。このことを主の助けなしにやろうとしても、それは容易なことではありません。しかし、この道を既に完成されたイエスは、わたし達が出会うあらゆる試練と誘惑を知り給い、愛をもって喜んでわたし達に力を与えて下さいます。

「わたしは道であり、真理であり、命である」[3]と主イエスは宣せられました。主の内に全てがあります。この真理が受け容れられる時、道は歩きやすいものになり、もはや躓くことはありません。主はまことに万人を照らす光です。主は、見えるものであれ見えざるものであれ、あらゆる法則を理解してこの世に来られ、死すらも従わせるほど、主の力があらゆる力に勝ることをお示しになりました。そして、この道は愛の道であるとお示しになったのです。自らの十字架を日々負うことで主の示された模範に習う時、わたし達はこれまで以上に同胞の助けになりたいという願いを持つようになります。わたし達は、自分の小さな世界で接する人達の悩みや、苦

3 ヨハネ一四・六

しみ、十字架を、喜んで自分自身の身に引き受けるようになります。こうして神の愛がわたし達の人生に現れ、わたし達は喜びに溢れます。なぜなら、わたし達は十字架の道を選ぶにふさわしい者として数え上げられ、そして必要ならば、主の御名のために苦しむことができることを知るからです。

理想であるキリストを手本にするということは、父なる神への道が保証されたという満足をわたし達に与えてくれます。わたし達が御子と共に相続する者であることを、主の霊がわたし達の霊と共に証しして下さいます。わたし達はそのことを知っています。どんな行動をするにしても、そこには主の力、主の権能、主の働きがあることを意識するようになります。

わたし達は、自らの十字架を負うことで、さまざまな課題に取り組むのを妨げていた障害を克服していきます。この時に至って、十字架の道を選ぶ理由が明らかになります。この道を選択しないということは、人生の目標もわからず、そして永遠の命を実現する道も知らないことを自ら承認しているようなものです。苦しみを経ずして服従を学び得た人がいるでしょうか？

なぜ十字架を負うのか？

わたし達の十字架は、初めにおいてそうであったように、今も、他の誰でもない、自分自身が作り出しているのです。この世界は、創造的な思考を誤用することで迷妄の中に失われ、神の法則の働きは覆され、波動の低い状態に満足を見出す世界になってしまいました。わたし達は感覚の迷いの世界に入り込み、それ故、そこから生じる十字架に日々対面させられます。わたし達は、自分が蒔いたものに何度も出会っているうちに、「自分が転落する前にいたところに戻るには、これまで蒔いてきたものをすべて刈り取らなければならない。それ以外に道はない」と気づくようになります。そしてすべてを刈り取るために、人は、生まれ変わりの機会を与えられているのです。それぞれの人生は、他の人生では代用できない貴重な経験の場です。それぞれの人生で試練に打ち勝つことで、成長の機会が与えられるのです。もしわたし達がその人生で敗者になるとすれば、それは、わたし達が自己中心的であったり、肉的な欲望の充足だけを求めた時です。全ての人は罪を犯し、神の栄光に届く人はいません。神の法則を免れることは誰にもできません。しかし、その法則は、厳しい監視の下で守ることもできれば、この世の重荷を引き受けられたキリストの道に従うことで守ることもできるのです。

イエスは、いくつもの輪廻転生を経てこの世に勝利しました。それぞれの転生において、イエスは十字架を負い、そしてあらゆる力とあらゆる知恵をもって、最後の十字架に到達されました。イエスは十字架を受け入れることで、万人が対峙しなければならなかった「カルマ」を無効にされたのです。不変の因果律たるカルマの法則は、今も、物質世界や心の世界、霊的世界において目撃されます。しかし、イエスがこの世に勝利され、法則に勝利されたために、主ご自身が法則になり、この法則は、人を教え導く教師や実地教育のための学校のようなものになりました。主の御名を唱えてきたわたし達は、もはやカルマの法則の下には置かれません。主の内にある恵みの下にあるのです。なぜなら、わたし達が主の道に従うことを願うなら、主にあっては、あらゆることが互いに調和して働くようになるからです。

十字架を負うということは、神の霊をこの世に現すために、自らの肉を十字架に付けることを意味します。一つの障害に打ち勝つたびに、次の障害に打ち勝つための力が得られます。こうしてわたし達は、神と一つになることを妨げるあらゆる障害に打ち勝つことを学んで行くのです。この学びは、奉仕によって達成されます。

人々に奉仕する時、わたし達は、神がその目的――すなわち、人を神のもとに復帰せしめるという目的――を実現されるお手伝いをすることになるのです。何という栄誉でしょう。与えている限り、わたし達は何物も失いません。神は、その独り子をこの世に与えられ、人々に父のもとに帰る道を示された御子を栄光のうちに再び迎えられました。神は、自らの全てを与え、同胞のために自らの命すら与えられた御子を喜ばれました。わたし達は自分を成長させるために、自らの十字架を負わねばなりません。しかし、わたし達のために逃れる道を備えて下さった主のために十字架を負うことができるとしたなら、それは何という栄誉でしょう。[4]

天地の造り主である主は何故に十字架を負わなければならなかったのか

最初のアダムによって神の力が物質の中にもつれ込み、堕ちてしまいました。[5] それ故、物質の中から脱出する道を人に示すには、神の力である創造主ご自身が、人の姿をとって手本になり、物質世界に打ち勝ち、法則そのものになる必要があったのです。こうして、最後のアダムによって、すべての者が生ける者とされました。

天と地の造り主は、ご自分の経験と活動をわたし達の経験と活動に加えんがために、地上に入って十字架を負われたのです。(1) 神の目的は、人の子が真実神の子であ

4 第一コリント一〇・一三。イエスが備えられた逃れる道については、次節の「脱出する道」が意味を明確にしている。

5 創世記三

り、父なる神と一つであるということに再び気づかしめることであり、その目的は昔も今も変わりません。

イエスが十字架を負われたことで、「全てが終わった」[6]のです。これは、この世と肉的なものに勝利されたことを意味します。イエスは、あらゆる時代においてイエスに従う者達のために、道を作られました。肉に打ち勝つ道を示すために、神の御子にして、創造主と共に働かれる主が、地上に降りる必要があったのです。なぜなら、神は、ご自身の栄光を顕わすために人をお造りになったのであり、イエスはそれ故、父なる神に栄光を帰せられました。イエスは、物質性の十字架を、栄化された霊性の十字架に変容せんがために、十字架をお受けになったのです。イエスは、イエスに従う人々の心の中に燃えるような情熱を呼び覚ますものとして次の言葉を残して行かれました。すなわち、「わたしが地上から上げられるとき、すべての人を自分のもとへ引き寄せよう」[7]、「わたしを信じる者は、わたしが行う業を行い、また、もっと大きな業を行うようになる。わたしが父のもとへ行くからである」[8]と。

主イエスは道を歩き抜かれました。また、わたし達と同じように、その道であらゆる試みにあわれました。イエスは罪人として数えられ、「彼が刺し貫かれたのは、わたしたちの背《そむ》きのためであり……彼の受けた傷によって、わたしたちはいやされ

6 ヨハネ一九・三〇
7 ヨハネ一二・三二
8 ヨハネ一四・一二

た」[9]のです。こうしてイエスは、全ての人の内において、征服者に勝る者となられました。「友のために自分の命を捨てること、これ以上に大きな愛はない。わたしの命じることを行うならば、あなたがたはわたしの友である。もはや、わたしはあなたがたを僕《しもべ》とは呼ばない。僕は主人が何をしているか知らないからである。わたしはあなたがたを友と呼ぶ。父から聞いたことをすべてあなたがたに知らせたからである。あなたがたがわたしを選んだのではない。わたしがあなたがたを選んだ。」[10]十字架の目的は何だったのでしょう？　何のためにあのような崇高な犠牲が払われたのでしょう？　それは、主の力によって、わたし達が道を知り、理解し、そしてあらゆることに打ち勝ち、王となり、神に仕える神官になるためでした。

イエスの道とは、神の愛が為し得るところを人に示すことであり、また、人はどのようにしたら――わたし達が日々邪な力に取り囲まれていても――最上にして潔白な生き方をすることができるかを人に示すことでした。キリストは、あらゆる時代を通じて、人類の成長を促し、人と共に語らい歩んでこられました。正しく理解できる人には、人類の覚醒が必要とされた時代には、いつも御子が地上に現れたことがわかります。こうして十字架は、自らを捧げ尽くされたあの方を象徴するものとなったのです。イエスは、ご自身がこの世に勝利して栄冠を得るために、この目

9　イザヤ五三・五
10　ヨハネ一五・一三～一六

的のために、この世に来られたのです。

主は十字架を負うために、なぜ人としてこの世に来られたか

人は、神の配慮とご意志によって、今のような肉体を得ました。[11] なぜなら、人は、肉体をまとうことで初めて霊的本性が刺激され、その眠りから覚醒し、霊的進化の道を歩むことが可能になるからです。ですから、この節のタイトルの疑問には、次のように答えることができます。まず第一に、主ご自身が物質世界に打ち勝つ必要があったからであり、第二には、人間にとって、指導者、教師、救い主が必要であったからです。最初の答は、聖書では次のように表されています。「キリストは御子であるにもかかわらず、多くの苦しみによって従順を学ばれました」[12] と。また第二の答は、「わたしは道であり、真理であり、命である」[13] という言葉に表されています。

イエスは、物質（肉）に打ち勝ち、自らが霊的法則になるという責務を引き受けられました。そして、それを成就するためにあらゆる試練と苦難を耐えられたのです。イエスは、自らの経験と働きをわたし達の経験と働きに加えることで人と神を

11　創世記一～二章
12　ヘブライ五・八
13　ヨハネ一四・六

結びつけ、それによって人と神との密接な調和を回復せしめ、あらゆるものと一つであるという自覚を人に与えられました。イエスがこの世に来られた目的は、人々に奉仕するならば、わたし達もまた神との親しき交わりを得られることを身をもって示し、教えることにあったのです。

人間として、イエスは、肉体という殻の中に閉じ込められた霊的存在が遭う肉的試練——すなわち疑いや恐怖、弱さ、動揺など——を知られました。一人の人間として、イエスは、物質的な波動《バイブレーション》に霊的調和をもたらす力を実証され、それによってすべての人がもつ可能性を示されたのです。イエスは、あらゆる力が一つであることを絶えず強調し、人は創造主と直接の関係を持ち得ることを示されました。イエスは、肉体にあるわたし達も、霊において神であるイエスのようになれることを示すために肉体に入られ、イエスが父と一つであるごとく、わたし達も父と一つになり得ることを教えられました。それ故に、最初にこの世に入られたアダムが、この世の救い主にならねばならなかったのです。そのことは「生めよ、増えよ、そして地を治めよ」[14]という言葉に示されているように、イエスの手に委ねられていたのです。

こうして最初のアダムにして最後のアダムは、地を治める権能を与えられました

14 創世記一・二八参照

が、それでも、それぞれの魂にとってそうであるように、最初に打ち勝つべきは自己《セルフ》でした。そして自己に打ち勝ったことで、あらゆる事物、あらゆる状況、あらゆる元素《エレメント》がイエスに服従するものとなったのです。こうしてイエスは、この世界を、この世界が最初に属していた霊的本源に戻す力をもった者となりました。この世に勝利されたイエスには、この世のあらゆる力が与えられました。自己、死、そして地獄すらも、自己を征服されたイエスに従うものとなりました。「初めに言《ことば》があった。言《ことば》は神と共にあった。言《ことば》は神であった。この言《ことば》は、初めに神と共にあった」[15]と聖書にあります。この言《ことば》が物質世界の人々のもとに降りて来て、人として、人々の間に住んだのです。この言《ことば》はこの世に勝利し、それ故にこの世は、この世に勝利された《その方》の下僕《しもべ》となったのです。

15 ヨハネ一・一〜二

主の負われたくびきを負うことで、どうしてわたし達の十字架が負いやすくなるのか？

わたし達は、イエスが負ったものと同じものを負わねばなりません。なぜなら、わたし達は、イエスと同じ道を完全に歩まねばならないからです。この道の途上には、この世に勝利する力と知識を得ようとする全ての人が通過しなければならない経験が待ちかまえています。イエスが、この世の重荷を自らに引き受けられたように、わたし達も、自分を取り巻く小さな世界の中で、自分達の重荷を引き受けなければなりません。イエスが負われた重荷に較べれば、わたし達の負うべき重荷は軽く、くびきは負いやすいはずです。イエスは、それを全て負われたのです。わたし達は、自分の分担を負えばよいのです。自らの十字架を負うことで、わたし達は、神を讃えることがわたし達の本当の目的であり、そして、わたし達の十字架とは結局のところ、わたし達が神の法則を誤解し、その使い方を誤った結果であることに気づきます。口で言うのは容易ですが、実行するには、不屈の闘志と、《理想》への信頼がなければなりません。苦しみを受けながらも屈せず、じっと耐え、苦しみをもたらす人達を愛し、許すという勝利を自分自身が経験することで初めて、わたし達は、その経験の意味を完全に理解することができるようになります。

主のくびきは負いやすい。[16] なぜなら、主がいつもわたし達と共にあってわたし達を守り、一人では負いきれない重荷を主が共に担って下さるからです。自分の十字架と主の臨在の意味がわかるようになると、わたし達の経験する苦悩はそのまま知恵を磨く機会になり、わたし達の混乱はより豊かな平安をもたらすものとなります。

16 マタイ一一・三〇

わたし達は自分が成長し、十字架の道によって主の中の主、王の中の王になられたイエスのような人に近づいていることに喜びを見出すようになります。

わたし達の内に臨在される主は、わたし達にとって尽きることのない力の源泉です。この力が、わたし達が人としての務めを果たすことを可能にし、自分自身の課題に取り組む力を与え、競争を走り抜き、[17]王冠を受けることを可能にします。[18]父に対してわたし達を弁護して下さる主は、わたし達が人々に真理を伝えるにふさわしい者となれるよう、いつでも水路を開けて霊的エネルギーをわたし達に流して下さいます。霊的な理解が深まると、物質がわたし達の人生に持つ意味が変わってきます。すなわち、物質は、わたし達の存在をより高貴なものにし、造り主に近づけるための道具であることがわかるようになります。主のご意志と調和し、主の法則を理解して人生に適用していけば、混乱ではなく平安が、悲しみではなく喜びが、憎しみではなく愛が、弱さではなく強さがもたらされるようになります。主に助けられ、また、主の霊がわたし達の霊を証して下さる[19]ことがわかれば、わたし達の担うべき軛《くびき》は容易なものになります。わたし達の肩に置かれる重荷は本当に軽いのです。

17 第一コリント九・二四参照

18 サムエル上四・九

19 ローマ八・一六

なぜすべての魂が十字架を担わなければならないのか。その理由は信仰と理解に従って生き、主と共に歩む生き方で説明されるのか？

これまでの各課でわたし達は魂の属性について学んできましたが、それらを日常生活に適用しようと努力するにつれて、わたし達が魂の属性をほとんど実行してこなかったことが明らかになります。魂の能力を完全に発揮することを未だ学んでこなかったところに、わたし達が十字架を負うべき理由があることに気づくようになります。内なる自己を覆い隠し、表面的な自己の願望を優先させてきたことを、徐々に自覚するようになります。わたし達はそうすることで、自分自身を神からますます遠くに追いやってきたのです。今や、わたし達にはよくわかるはずです。わたし達自身が自分自身の十字架を作り上げてきたということが！

その一方で、わたし達が魂の本質を学び、魂の属性を適用しようとするにつれて、喜びと平安がわたし達にもたらされます。なぜなら、内なる自己が目覚めはじめ、わたし達の信仰と理解と徳を通して、その本来の力を発揮しようと待ちかまえていることが実感できるようになるからです。わたし達の人間関係はより洗練されたものになり、理想は主のうちに立てられるようになります。わたし達は、自分自身の十字架を新たな光の元で見、冠の栄光を垣間見るようになります。わたし達は、自分が神の計画の一部を為していることを実感します。

他の霊的哲学ではなく、十字架が選ばれたのはなぜか？

十字架は、この世の重荷を負われたイエスの本質を象徴しています。わたし達が十字架を選ぶのは、偉大な教師であるイエスの人間的魅力がそうさせるのではありません。イエス・キリストを通して父なる神への道が容易なものになるが故に、十字架を選ぶのです。十字架は、すべての魂をあらゆる形の真理に目覚めさせるキリストの生涯と教えも象徴しています。十字架は、十字架を規範とする者にとっては真理の全てであり、また、あらゆる人にとって真理の一部です。十字架は、光を受け容れる用意のできている魂の、あらゆる疑問に答えてくれます。魂の内奥の切実な求めを、十字架は満たしてくれるのです。十字架は、真理と光に至る道を象徴し、その目指すところは普遍的、永遠にして、わたし達を突き動かします。しかしながら、十字架をどのように実践するかは、わたし達自身が自ら解決しなければなりません。《神性》を探し求めるにあたって、わたし達はイエス・キリストを理想としてきました。なぜなら、主こそ、あらゆる時代を通して、あらゆる真理の体現者であることがわかるからです。主以外の人は、道を示すことはできるでしょう。しかし、イエス・キリストにあっては、「わたしが道である」[20]と宣言されたのです。

20 ヨハネ一四・六

冠を求める者が恥辱の象徴たる十字架を負わなければならないのはなぜか

わたし達は、十字架が、神の法則に対するわたし達自身の反逆を象徴したものであることを生まれながらに知っています。それ故に、十字架はわたし達の恥辱を象徴するのです。創造の初めにそうであったように[21]、わたし達が与えられた力を誤用したために、物質世界で苦しみを味わうことになりました。十字架は、外見で判断するこの世の人々にとっては、恥辱の印です。十字架は、強情のかわりに謙虚であることを求めます。報復ではなく、苦しみに耐えることを求めます。性急さのかわりに、辛抱を求めます。敵を憎むかわりに、敵を愛することを求めます。許さないことではなく、許すことを求めます。これらのことを十字架において身につけなけ

21 創世記三章

ればなりません。冠は真の継承者の頭上にこそふさわしいからです。その臣民を顧みない略奪者、真の成長の道を知らぬ略奪者に冠は与えられません。一体、他の誰が万人のために道を開き、「だれでも、わたしの天の父の御心を行う人が、わたしの兄弟、姉妹、また母である」[22]と言って下さるというのでしょう。

わたし達は十字架を負うことで初めて冠の真の意味を悟り、使命を完遂することの喜びを味わい、競争を走り抜く[23]ことの報酬としての成功を知るようになります。わたし達が日々成長するにつれて、十字架を恥と思う心はなくなり、むしろ人類を贖《あがな》うという偉大な業において、主と一つであるという喜びがもたらされます。まさに、十字架は大いなる機会の象徴であり、わたし達の負う一つ一つの十字架の中に、主の御顔がいよいよ親しく映し出されることでしょう。

十字架はいつまでも恥辱の象徴ではありません。聖なるお方、神の御子なるキリストがその命をかけて十字架に勝利されたがゆえに、十字架は栄光の象徴となったのです。わたし達も同じです。自分自身の十字架をしっかり受けとめ、勇気を出して十字架を負い、それに勝利することで、十字架は光り輝き、人生の目的がいよいよ明確に理解され、命の冠の中にある栄光をもたらしてくれるようになります。

暗く長い影を落として、十字架が私の上に倒れ来る。

22 マタイ一二・五〇
23 第一コリント九・二四

十字架は私の太陽を隠し、光を遮り、私の歌声をかき消す。
しかし、私が助けを求めて顔を上げると、そこに光り輝く方を見た。
その方は身をかがめて私の十字架を引き上げて下さる。
その方こそキリスト、祝福されし神の御子であった。
（スタディグループのメンバーによる）

なぜ物質世界にあるこのわたしが、十字架を負わねばならないのか

この疑問は、わたし達一人一人が自らの内に問わねばなりません。この疑問にどのように答えるかが、わたし達の霊的な在り方を決定します。これは、人が楽園を追われて以来、わたし達の成長の度合いを計る霊的な物差しになってきました。

このことに疑問をもつようになると、多くの人は十字架の道を去ってしまいます。イエスも「あなたがたも離れて行きたいか」[24]と嘆かれました。わたし達は「主よ、他の誰のところに行けましょうか。あなたこそが永遠の命の言葉をお持ちなのですか

24 ヨハネ六・六七

ら」とは答えられないのでしょうか。[25] とりわけ、人類始まって以来の大きな試験期間に人類がまさに突入しようとしているこの時代にあって、それでもわたし達は自分が負うべき十字架を避けようとするのでしょうか。預言者の言葉は、時代を超えて今のわたし達に警鐘を鳴らしているかのようです。「だが、彼の来る日に誰が身を支えうるか[26]」と。それは、真理の内にしっかり立つことができる者のみです。では誰が真理の内にしっかりと立つことができるのでしょうか。

物質世界に生きる人間なれば、イエスが地上で数々の試練を体験されたように、わたし達も同じような試練の多くを受けなければなりません。わたし達は、イエスのように、生ける神の子としての自分の責務を知り、イエスから従順と謙虚さを学び、そして奉仕と献身を通して、イエスが生きられた生涯をわたし達自身が模範となって体現しなければなりません。

人生の目的は父なる神と一つになることです。わたし達がその目的に向かって成長しているという結果が現れるまでには、物質界にあっては、忍耐強く待つことが要求されます。わたし達の目的を達成するもっとも確実な方法は、ただひたすらキリストの道を歩み続けること以外にありません。周囲のすべての人が、わたし達の努力を誤ったものと見なすかも知れません。しかし、どんな難局にあってもわたし

25　262–35 参照
26　マラキ三・二

達をしっかり支え、あらゆる状況を益に導き給う《力》があるのです。その《力》に依り頼むことで、わたし達の強さは新たにされます。

わたし達が十字架に向き合い、誘惑に耐え、誘惑に打ち勝つ時、わたし達は栄光の冠を相続する者――主と共に相続する者となります。嘆き悲しみながら十字架を負う人に、その委ねられた目標を成就することはできません。主の喜びのうちに十字架を負う人こそが、その目標を成就するのです。

自分自身の十字架を負い、それに打ち勝ったわたし達には、その証として、ほかのもっと大きな十字架を、主の喜びの中に負う力がもたらされます。わたし達は、ふさわしい者として主に数え上げられる歓喜を味わうことができるのです。

積極的に奉仕にたずさわり、人々への祝福の水路としてのわたし達の役目を果たしましょう。それによってわたし達は、主がわたし達に望んでおられる道を自分が歩んでいることを知り、主がいつもわたし達と共にいて下さることを実感するようになります。扉は開かれています。徳と理解は活動の場を見出します。神を信じる心は日々新たにされます。なぜなら、物質的な状況であれ、精神的・霊的な状況であれ、新たに生じる状況を理解する力がわたし達の内で高まっているからです。わたし達がどのような奉仕活動に携わるにしても、父なる神に心を向けるということは、その活動にとって協力的な態度として見なされることでしょう。
　神の愛を示すのに特別な時、季節、場所というものはありません。わたし達は、どこにいようと、毎日、毎瞬、わたし達が接する人達に神の愛を示すことができるのです。わたし達の生き方によって、人々は、神がわたし達と共に歩み、わたし達の親しい友であることを知るでしょう。栄光の冠を戴く条件とは何でしょうか。神に対する忠実な信仰です。

Our Father, our God, as we approach that that may give us a better insight of what He bore in the cross, what His glory may be in the crown, may Thy blessings – as promised through Him – be with us as we study together in His name.
(262–34)

注

(1) この箇所は、天と地を創造された神がそのままイエスとして降誕され、十字架につけられたという意味に解釈される危険があるが、ケイシーのリーディングが教えるところは、神の愛であるキリストが、イエスにおいて完全に具現し、それ故に、意志において神と一つであったキリスト・イエスが十字架を負うことは、すなわち造り主ご自身が十字架を負うことに等しい、ということである。神ご自身の経験と活動を人に加えるとは、キリストの愛において人が物質性を克服する道、模範を示すことを意味すると考えられる。

第十一課　主なる汝の神は一つ

神は唯一にして他に神なし。

（マルコ一二・三二）

アファメーション

わたしの心と体と魂が一つであるように、おお主よ、地上に力と権能と栄光をもって顕現し給う汝もまた一つです。わたしが日々為すことの中で、汝が一つであることをいつも自覚し、汝が一つであることを行いにおいて表すことができますように。

（262—38）

第十一課　主なる汝の神は一つ

（本課はリーディング 262—38 から 262—42 に基づく）

汝は一つ。
あらゆる数の元《はじめ》にして、
あらゆるものの土台なり。
汝は一つ。
一つなる汝の深き神秘に打たれて、
賢者のこころはただ黙するのみ。
汝は一つ。

一つなる汝は増えることもなく、減ることもなし、
欠けることもなく、満つることもなし。
汝は一つ。
されど、かぞえることの能《あた》わざる一なり。
数と変化は汝に達せざればなり。
汝は、思惟や想像の及ばぬ一者なり……

はじめに

「全ては一つ」という真理は、わたし達のまわりのあらゆるものがそれを証ししているにもかかわらず、おそらく、わたし達にとってもっとも理解し難い真理です。造り主は預言者の口を通して、神の選びし民に繰り返し次のように語られました。すなわち「聞け、イスラエルよ。[1] 我らの神、主は唯一の主である」[2] と。しかし、他の民族がそうであったように、イスラエルの民もまた唯一の神から離れ、他の神々を求めていきました。[3] 神は、これ以上直截な方法がないというほど誰にもわかるように、その力と栄光と権能を人々に啓示されました。「御言葉《みことば》はあなたの近くにあり、

1　「イスラエル」という言葉の意味については第八課の後注を参照のこと。
2　申命記六・四
3　列王記、歴代誌参照

あなたの口、あなたの心にある。あなたがそれを行うことができるように」[4]と。この真理はわたし達の心に植えられています。まことに、「天は神の栄光を物語り、大空は御手の業《わざ》を示す。昼は昼に語り伝え、夜は夜の知識を送る。話すことも、語ることもなく、声も聞こえなくても、その響きは全地に、その言葉は世界の果てに向かう」[5]とある通りです。

神の顕現は一つである

宇宙において、顕れているものはすべて神に属するものであり、神と一つです。神の内にそれらは生き、動き、存在を得るのです。地球をおおうこの《至高の知性》は巨大な惑星の中に完全に顕現するように、極微の原子の中にも完全に顕現します。この世に存在するエネルギーは一つであり、力は一つであり、存在は一つです。それが神であり、父であることに目覚めることができればどれほど素晴らしいことでしょう。神は《霊》です。「天に登ろうとも、あなたはそこにいまし、陰府《よみ》に身を横たえようとも、見よ、あなたはそこにいます。曙の翼を駆《か》って海のかなたに行き着こうとも、あなたはそこにいまし、御手をもってわたしを導いてくださる。」[6]

4 ローマ一〇・八

5 詩編一九・一～五

6 詩編一三九・八～一〇

池に小石を投げ入れると波紋が広がり、ついには遠くの岸に到達するように、わたし達の行いは、それが善いものであれ邪《よこしま》なものであれ、他人に影響します。わたし達が体のどこかに怪我をするとその痛みが全身に伝わるように、わたし達一人一人の行いは社会全体に影響するのです。

わたし達が全体に対する自分の義務を完全に自覚し、神の御意《みこころ》を実現することに自らを捧げようというのであれば、わたし達は身も心も魂も聖別して、自らを霊的力が流れるための水路にしなければなりません。父なる神は、一つの魂といえども滅びるのを望まれません。全ての人は、いつか神と人との関係を知るようになることでしょう。その時には、障害は踏み石となり、わたし達の敵（妨害や弱点）は、わたし達がより高く上がるための手段へと変わっていきます。

今日の混乱の中にあって、わたし達が忍耐と信仰という神の属性を実行していくなら、神がその子らを通して働かれることを目の当たりにすることでしょう。それには、何も壮大なヴィジョンを見たり、神秘体験をする必要はありません。親切であり、各々の仕事を喜んで実行すれば、それで充分です。これこそが霊的な態度であり、わたし達と世界に対して「わたしの父は今もなお働いておられる。だから、わたしも働くのだ」[7]という言葉の証しとなるのです。このような認識からわたし達を

7 ヨハネ五・一七

引き離すのは自分だけです。その認識に至る扉を開けるのも、閉じるのも、わたし達自身です。

わたし達は、自分が神や同胞から分離しているという感覚を許容してはなりません。地球の裏側にいる「隣人」に影響することは、わたし達にも影響するのです。地上の人間は、一つの大きな家族です。わたし達は、全ての人の内に神がおられることを知って、どの人も分け隔てなく愛すべきです。自分自身が、神の恵みと慈しみと平安と愛が流れる完全な水路になることによって、わたし達は、あらゆる被造物が一つであることをもっとよく理解できるようになります。わたし達に呼びかける神の声が、わたし達のあらゆる思いと行為とを促して下さるよう、いつも心を開いておきましょう。神の道は隠されてもいなければ、遠く離れたところにあるわけでもありません。この大いなる《一者《ワンネス》》の栄光を見、聞こうとする者に開示されるのです。わたし達は、強い意志をもって、「神は一つ」という偉大な概念をこの物質世界に押し広める神の力の水路として、自分を準備しなければなりません。

いかにして一者の覚醒に至るか

わたし達は「すべての物質的な事柄は本質的に霊的なものである」ことを信じ、信頼し、そのような理解に到達することによって初めて、一者《ワンネス》の意識に至ります。それ以外の行為によって得ることはできません。イエスも「あなた達は神々である」[8]と言われました。わたし達は、イエスのこの言葉をそのまま受け取り、そのように行動する義務があるのではないでしょうか。おお、わが内にいます神なる汝よ、我らの不信を許したまえ！　主イエスの臨在をもっと知ることができるよう、祈りましょう。主は、わたし達のそばにいる兄弟のように現実の存在であり、その約束を忠実に守って下さいます。主の臨在を知ろうとして努力する時、わたし達の一瞬一瞬の行動と言葉と行為において、神の力がわたし達のうちに、わたし達を通して顕れ、そこに分離はあり得ないことを知りましょう。神と一つであることを実現した時にわたし達が経験するあの栄光を遮《さえぎ》っているのは、自分自身なのです。わたし達の人生や活動、思い、瞑想が、父なる神のご意志にさらに一致するよう心がけましょう。そうすることで、わたし達の利己性は次第に消え、いよいよ神に似た者となり、わたし達の活動に入ってくる肉の影響は小さくなって行きます。その時、わたし達は人を導く側にまわり、わたし達を通して顕現する力に溢れ、平安は深めら

8 ヨハネ一〇・三四

れます。祈りと瞑想の中で主と共に歩むようになり、そこから得られる経験と一層調和するようになります。

わたし達は、どのようにすればこの《一者《ワンネス》》を実現できるのでしょうか。神を言葉どおりに受け取りましょう。すなわち「わたしは神、わたしをおいてほかに神はいない」[9]、「わたしを離れては、あなたがたは何もできない」[10]と。至高の声に耳を傾け、それに従って行動するのです。自然が教えてくれる教訓から学びましょう。わたし達の内にある力は神の力であり、善なる力です。その力を誤用し、邪悪なものにするのはわたし達の意志の他に何もありません。わたし達が主に仕えるなら、主はわたし達に語りかけ、あらゆる事柄をわたし達の記憶にのぼらせ[11]、主と一つであるという意識すらもたらしてくれます。万物のうちに、そして万人のうちに、神を見出す努力をしましょう。瞑想し、祈り、耳を傾け、信じましょう。

9　イザヤ四六・九
10　ヨハネ一五・五
11　ヨハネ一四・二六参照

キリスト・イエスを通しての合一

イエスの基本となる本質的な教えは、「わたしと父とは一つである」[12]という言葉にあります。わたし達にとって、イエスの生涯は生き方の模範であり、《創造の力》に

12　ヨハネ一〇・三〇

ついてイエスがなされた説明は、わたし達の理解の拠り所です。イエスは、わたし達一人一人の魂が神と一つであることを、その身をもって証明されました。イエスは、神の御意《みこころ》に自分の意志を一致させようとする者が何を達成し得るかを示されました。イエスは、わたし達のために神との関係を執《と》りなして下さることを約束して下さり、父なる神に引き寄せられることを願い求める全ての者に対して、道を開いて下さいました。

イエスは簡素な生き方と教えの中で、神がわたし達のすぐそばにおられるという事実を、神はまさにわたし達の心の中におられるという事実を、わたし達が理解できるようにして下さいました。イエスの語る人生の哲学がかくも美しく力強いのは、イエスが神と深く個人的なつながりをもたれていたからであり、また、イエスが人と神を直接結びつけて下さるからに他なりません。

イエスが伝道された数年間は、イエスの意識が至高の《創造力》たる神と一つであることを具体的に示すことに費やされました。イエスの言葉と行いは、彼が余すところなく理解していた法則に完全に従っていました。大勢の群衆を前に丘の上から語りかける時も、人里離れた静かな森の中で選ばれた少数の者に語る時も、イエスは常に、それによって人が真に自由になるところの真理を説き、その真実を実証されました。イエスはご自身でその道を歩まれ、そして今や、同じように神のおそばを歩もうとする者達を導くことを選ばれました。

イエスは苦しみを通して従順を学ばれ、それによって、人類のための仲介者となるべき権利、主の御名において求める者を導く権利を得られたのです。わたし達はイエスが示された実例に従うだけで、主が教え生きられた真理、すなわち「我らの神、主は唯一の主である」[13]を実現することが可能になったのです。

神と一つになろうと努めるのであれば、わたし達は神以外のいかなる影響力も否定しなければなりません。主は、わたし達を支え、わたし達の必要とする助けを与えて下さいます。主イエスの御名には力があります。主の御名は、神の普遍の法則――すなわち愛――に到達したこと、それを理解し実現したことの象徴です。主の御名は、疲れている者には力となり、悩める者には平安を与えてくれます。主は、一つになることを求めるすべての者にとって、救い主となります。

わたし達は、神と共に働く者であることをもっと実現し、それを具体的な形で示すよう努めましょう。わたし達一人一人がそうであるごとく、神のすべての創造物は、大いなる《一体《ワンネス》》の中で、もっともふさわしい位置を占めているのです。わたし達は、大いなる全体《ワンネス》の中で、自分は不当に低い環境に置かれていると考えがちで

13 申命記六・四

り給うのです。

す。しかし、神はわたし達一人一人の心の中を深くご覧になり、あらゆることを知

幼子の苦しみを和らげるために野辺の薬草を与える心優しい老女と、人類の病を軽減するために最善を尽くす熟練した医者は、愛によって盲人の目を開け給いしあの聖者と同じ深さで神と一つになっています。それぞれ自分に与えられた才能をもって、己の役目を果たしているのです。それぞれ自分のやり方で成長のための努力をしているのです。それは神のご意志の顕れに他なりません。

イエス・キリストがこの世に聖霊を遣わされた時、父なる神との合一の完全な理解が、子である人間にもたらされました。わたし達の記憶にすべてのことをもたらすのは、この聖霊です。[14]

メンバーの体験

「父なる神はその子らと一つであるということは、それまでもわたしの人生に何度となく示されてきました。しかし、十年程前、ある出来事があり、その出

14 ヨハネ一四・二六参照

来事を通じて、この真理はわたしのそれまでのどんな経験にもまして際だって確実なものになりました。

その頃、わたしの息子はまだほんの子供でしたが、あるとき重い病気になってしまいました。病院の先生方は手を尽くして治療して下さいましたが、誰の目にも、息子の容態は悪くなる一方でした。

当時、わたし達は教会のすぐ近くに住んでいました。病気になる前、息子はその教会の老管理人と毎日のように遊んだり、しゃべったりしていました。二人はとても仲良しになり、その教会の管理人も、息子をたいそう可愛がってくれました。その管理人は、よくわたしに、息子が『許す』ということを自分に教えてくれるのだ、と言っていました。

息子が病気になってからある朝のこと、その老管理人が突然家に来られ、息子に会わせて欲しいというのです。わたしは彼を息子の部屋に案内しました。彼は仕事用の手袋を取ると、それを脇に置き、ベットの傍らにひざまづきました。そして、顔を天に向けると神に話し始めました。今まで感じたことのない平安がわたしの心に広がっていきました。そのとき『ああ、すべて大丈夫なんだ』という確信のようなものがわたしの中に生まれたのです。わたしはこの聖者のような老人によって、『父なる神は、神の水路になろうとする者と共に働かれ、そして、その人を通して奇跡を行われる』ということを、それまでのどんな理解にもましてはっきりと教えられました。」

外国の大使は、彼の母国のあらゆる権利を派遣先の国において認められています。大使は自分を守るための力を、自国から得ることができます。それと同じように、わたし達は地上における大使であり、王の中の王に遣わされた代表なのです。地上にいる間、わたし達が真の代表であり続け、その派遣されたところの任務を遂行している限り、わたし達は母国である神の国のあらゆる力と守護を求めることができるのです。

一国の元首は、その国民にメッセージを放送することができます。そのメッセージはすべての人に流されているのですが、実際にその放送を聴くことができるのは、その放送に波長を合わせようとする人だけです。その放送に波長を合わせない人々も、その国民の一部であることには変わりはありませんが、彼らのその怠慢は、元首が彼らに向ける配慮に値しないことを示しています。

神は不変です。神はいにしえの昔より、すべての人の心を目覚めさせようとして来られました。神から絶え間なく送られる愛のメッセージ――キリストによって明らかに示されたこのメッセージ――に自らを閉ざすのは、わたし達自身です。祈りと瞑想を通して、わたし達は神の愛についてはっきりと理解し、「わたしと父とは一つである」[15]という真実をわたし達に知らせてくれる聖霊という賜物を受け取ることが可能になります。

神は、創造されたすべてのものの内に顕現されます。全ての実質は一つです。たとえば、物質世界ではラジオにその例を見ることができます。心の世界では、思考が伝達されるテレパシーにそれは顕れています。また霊的世界では、いわゆる神秘体験にそれは顕れています。波動には、物質のように低い形態のものから、思考のように目で捉えることのできない精妙なものまで、様々なレベルがあります。これらの波動に対するわたし達の知覚と理解が、わたし達の成長にあわせて変化するだけです。わたし達はあたかも暗い洞窟の中にいて、出口から差し込むかすかな光を垣間見た者のようです。暗がりの中で、危険な岩につまずいたり、深い穴に足を取られたりしながら、それでも常に真理の光を目指して進もうとしているのです。そのことを自覚する必要があります。

わたし達は、どのようにすればあらゆるものとの一体性《ワンネス》を如実に知ることができるのでしょうか。わたし達が、恩寵と慈悲と権能の御座を取り囲む不可視の《力》に

15 ヨハネ一〇・三〇

心を開き、キリストを思うことで得られる守護の力を自らの周囲にめぐらせ、そしてキリストの教えに照らされた人生を日々送る時、わたし達の言葉と思いと行いは《全体》と調和し、わたし達はあらゆるものと一つであることをより明瞭に知るようになります。その時、わたし達は神の声を聞き、神がいつも共にいて下さるという平安を知る特権に浴することができるのです。

まとめ

神は、物質世界の神であり、精神世界の神であり、また霊的世界の神です。わたし達は、あらゆる次元のあらゆる力を通して顕れる神の働きを見失うことがないよう注意しましょう。わたし達の願望や意志は、わたし達が肉体的、精神的、霊的に自己を正しく表現する上で必要な条件を見誤らせることがあります。それ故に、わたし達は絶えず自己を点検しなければなりません。肉体的なレベルであれ、精神的・霊的なレベルであれ、そこに神の力を最高度に表現することを求めましょう。わたし達の肉体の一つ一つの原子の波動すら、神の力に調和していなければなりません。わたし達の意識を常に、心を鼓舞し高揚させるものに触れさせ、そのようなもので満たすべきです。また主の定められた理想に到達するという目的によって導き、方向付けされるべきです。

くじかれてはなりません。わたし達は少しずつゆっくりと、一歩一歩、主の道の恵みと知識と理解の中で成長するのです。主の道は隠されているわけでも、遙か彼方にあるわけでもありません。神の内に神と一つであるという大いなる栄光は、聞く耳を持ち、見る目を持つ者に開示されるのです。

「主なる我らの神は一つ」ということをわたし達はどれだけ真剣に知ろうと欲しているでしょうか。自分自身をよく調べてみましょう。わたしは積極的に知ろうとしている、という程度でいいのでしょうか。「神は一つ」という概念を自分のものにするには、わたし達は神がおられることを信じ、神は、神の御意《みこころ》を行おうと努力する者を報われることを信じなければなりません。神は命です。わたし達は、願うこと、心に思うこと、考えること、そして魂を、神と一つにしなければなりません。では、如何にすればそれを実現できるのでしょう。「神は唯一である。ほかに神はない。心を尽くし、知恵を尽くし、力を尽くして神を愛し、また自分を愛するように隣人を愛することは、どんな燔祭《はんさい》(1)やいけにえよりも優れています。[16]」神は、このことをキリストを通してわたし達に悟らしめ――この真理をすべての人々に宣《の》べ伝える

16　マルコ一二・三二～三三

時、わたし達の心と思いと意志と魂は神と一つになるのです。

As my body, mind and soul are one, Thou, O Lord, in the manifestations in the earth, in power, in might, in glory, art one. May I see in that I do, day by day, more of that realization, and manifest the more.

(262–38)

注

(1) 旧約聖書では、神に対する従順を示す行為としていくつかの献げ物が規定されているが、燔祭はその中でももっとも重要なもの。

第十二課　愛

げに信仰と希望《のぞみ》と愛と此《こ》の三つの者は限りなく存《のこ》らん、而《しか》して其《そ》のうちもっとも大《おほい》なるは愛なり。

（第一コリント一三・一三）

アファメーション

父なる神よ、あなたの独り子なるキリストを通してこの世に現された愛によって、わたし達に「神は愛」であることをもっと気づかせて下さい。

（262—43）

第十二課　愛

（本課はリーディング 262—43 から 262—48 に基づく）

はじめに

愛は神——あらゆる律法はこの三文字のうちに成就されます。人は、神の属性である愛に従い、愛を高めることを促されます。なぜなら、愛によって肉体の生は完成され、永遠の生命《いのち》が実現されるからです。生命《いのち》とは活動する《神の力》であり、愛の表れです。

愛——神の愛——は、遍《あまね》く存在しています。愛は、赤ん坊の笑顔の中にも在《あ》ります。これこそ汚《けが》れなき無垢の愛です。また、美しい歌の中にも、光の与え主を讃えて高揚せる魂の中にも愛は在ります。自分に授けられた才能をもって最善の努力をしている人々の行為の中にも、自分の利益など考えずに職務を誠実に遂行する時にも、あるいはまた自分の成長を求めている人々を教え励ます時にも、そこには愛が在ります。理想実現の時を積極的に待つことのできる満たされた心の中にも愛は在ります。そして、人の理解を越えた愛は、キリスト意識の中に見出されます。

愛の表れ

自然の中にあって、神との親しき交わりを味わい喜ぶことのできる能力は、すべての魂に与えられた特権です。なぜなら、すべての創造物は、それ自身が神の創造力を表す一つの完成体であるからです。

キリストは造り主の愛を完全に表現されました。キリストの生涯と教えは、全人類を新生せしめる息吹《インスピレーション》です。私たちの人生に神の御意《みこころ》が行われることを求める時、私たちは神の子として、神の愛を顕わすことが可能になります。喜びは、たとえ労苦を伴うものであったとしても、奉仕を通してもたらされます。純粋で汚れなき愛はあまりにも力強く、人のために自分の命すら差し出します。自己は忘れ去られ、意識にありません。

来《きた》れ、汝ら、わが子らよ！　汝らが自らのうちに成し遂げたものに耳を傾けよ。汝らが全身に武具をまとい、神の愛の内に実り多き者とならんがために。主なる神は呼ばわる。すべての者は聞き、知り、理解しなければならない。すなわち、神は天にましまし、神の愛は、こころ頑《かたく》なな者さえ耐え忍ばれ、一つの魂といえども滅びるのを望まれないということを。むしろ、すべての魂の日々の歩みと活動の中にご自分の愛を顕わされることを欲せられ、師たるキリストが汝と共に語り給うたことの証しとして、それぞれの魂が愛に突き動かされて自分の内に持てるすべてのものを惜しみなく与えることを望み給う。

（262—44）

愛の力

愛は、人類を高め、霊性を奮い立たせる力です。愛がなければ、子供は内的な餓死に至ります。大人とて、愛に不足すれば、しおれ朽ちていきます。愛にお金はかかりません。しかしまた、その値打ちを物質的な尺度で計ることもできません。愛は、希望を失った惨めな人間をその泥沼から救い上げ、尊敬に値する奉仕者として堅固な岩の上に立たせます。

愛は、イエスを人類救済のために地上に向かわせた力です。愛ゆえに、イエスは地上に入り、父なる神の元に戻るための道を備え、人々に道を示されたのです。神は愛ゆえに、信じる者は誰でも永遠の命を得ることができるように、その御子を与えられました。愛は、万物を顕現せしめる生きた力です。愛は、癒しの力であり、浄めの力、わたし達の触れるすべてのものを祝福する力です。愛に満たされた心によって、わたし達は万人の中に、そして万物の中に、善と純粋さのみを見出します。初めに、愛は地を見、それを良しとして祝福されました。[1]

愛は神です。それ故、愛はわたし達に溢れるほど与えられています。わたし達は不足しているのでしょうか？　わたし達は愛しているのでしょうか？　周囲の状況に振り回されて、神の臨在に目覚めるのを妨げられてはいませんか？　もしそうなら、わたし達の思いと態度が水路を塞いでいる時に、どうして豊かな流れが期待できるでしょうか。わたし達は、自分自身が成功への道に立ちはだかっているのです。耐えられそうにない状況が現れても、もしわたし達が神と共に働く者であり、どんな

1　創世記一・一〇～三一

状況も、いつかは対峙し克服しなければならない問題であることに気づければ、わたし達は苦難の数を数え上げる代わりに、祝福を数え上げることができるようになるでしょう。心を愛で満たすことで――すなわち、自分の置かれた状況を愛し、人を愛し、神を愛することによってのみ――そのことが完全に理解されます。命の本質は成長です。わたし達は、ほかの人に問題を克服するようあれこれ助言しますが、わたし達自身がまさにそれらの問題を耐え忍び、克服しないうちは、知識や理解を増し、真に祝福の水路になることは決してできません。愛は、憎しみに居場所を与えません。悪を見出しません。すべての事柄が一緒になって善のために働く姿を見ます。愛の力は無限です。わたし達だけが愛の力に境界や制限を設けているのです。愛は建設的に用いることもできれば、利己的な目的に使うこともできます。わたし達は同胞を鼓舞することもできれば、理想を打ち砕き、暴動を扇動し、文明を破壊することさえ可能です。それは、わたし達が自己愛の道に進むか、それとも他人のために自らの命を捧げられるかどうかにかかっているといえます。

愛が試される時

「愛は忍耐強い。愛は情け深い。ねたまない。愛は自慢せず、高ぶらない。礼を失せず、自分の利益を求めず、いらだたず、恨みを抱かない。不義を喜ばず、真実を喜ぶ。すべてを忍び、すべてを信じ、すべてを望み、すべてに耐える」[2]と聖書は教えます。「わたしは確信しています。死も、命も、天使も、支配するものも、現在のものも、未来のものも、力あるものも、高い所にいるものも、低い所にいるものも、他のどんな被造物も、わたしたちの主キリスト・イエスによって示された神の愛から、わたしたちを引き離すことはできないのです」[3]とパウロは書きましたが、わたし達はこの言葉を真実自分のものとして言うことができるでしょうか。主は言われました。「あなたがたに新しい掟を与える。わたしがあなたがたを愛したように、あなたがたも互いに愛し合いなさい」[4]「友のために自分の命を捨てること、これ以上に大きな愛はない」[5]「敵を愛し、自分を迫害する者のために祈りなさい。あなたがたの天の父の子となるためである。父は悪人にも善人にも太陽を昇らせ、正しい者にも正しくない者にも雨を降らせてくださるからである」[6]と。最大の敵を愛せない者は、成長の最初の一歩すら踏み出していないのです。父なる神の愛は、聖書全編を縫い上げる金糸であり、それは拡大して広がり、ついにあらゆる律法が「神は、その独

2 第一コリント一三・四～七
3 ローマ八・三八～三九
4 ヨハネ一三・三四参照
5 ヨハネ一五・一三
6 マタイ五・四四～四五

り子をお与えになったほどに、世を愛された。独り子を信じる者が一人も滅びないで、永遠の命を得るためである」[7]として成就されるのです。愛の律法を成就するには、自分を愛する人を愛するだけでは十分ではありません。そのような愛は、神の愛という概念には遠く及びません。

愛とは、自分の中の最高のものを与えることです。人に軽んじられたり、中傷されたり、あるいは疑われたからといって、それに影響されるようでは、愛はわたし達の人生において本来の意味を実現していません。主イエスは、神を愛することをわたし達に求め、また主が父なる神と共におられるように、主がわたし達と共にいることができるよう主の戒めを守ることをわたし達に求められました。主を愛し、主の戒めを守ることを妨げるものがあるとすれば、それはわたし達の中にある利己的な心です。利己的な心は、愛がわたし達にとってどれほど大切であるかを思うことすら邪魔します。わたし達を真に自由にし、わたし達の口から不親切な言葉を遠ざけ、どのような物事や人々、状況にも希望を見出させる――そのような愛を見出せる人は稀です。他の人々が父なる神の愛に目覚めるよう、進んで重荷を担い、行い、苦しみに耐える用意がわたし達にどれほどできているでしょうか。

7 ヨハネ三・一六

愛とは与えること

愛の法則は、他の法則を無効にするものではありません。むしろ償い、信仰、自然の因果の法則をより効果あるものとします。愛は、見返りを求めずして人に与えることを可能にする魂の徳性です。キリストはその生涯をかけて、またその死において実例を示され、さらに「わたしは世の終わりまで、いつもあなたがたと共にいる」[8]という復活後の別れの約束にもそれを示されました。イエスが愛されたように愛するということの意味《ヴィジョン》を人類が自覚するようになれば、どれほど豊かな平和が地上に訪れることか！

わたし達は、自分自身の願望や必要が満たされることを後回しにしてでも、ほかの人々に最善なものがもたらされることを望んでいるでしょうか。わたし達は、出会うすべての人の中に良いものを認めることができるでしょうか。これこそがキリストの愛の示し方です。わたし達が弱っていると、キリストはただちにわたし達の心情を知り、慰め、力づけて下さいます。主の御名には力があります。御名を呼び、主の教えに従うなら、わたし達は正義（正しい思いと正しい行為）の光で輝き、闇に沈む人々はまばゆい光をみるでしょう。

霊にしっかりとつかまっていましょう。なぜなら、霊のみが永遠なのですから。

8 マタイ二八・二〇

「多くの者が倒れないために、光の子らはまさに今、主の日が早められるよう奉仕へと招かれている」とあるリーディングは述べています。家族や友人のために何年も、何十年も自分の人生を捧げてきた人は知っているはずです。そこではあらゆる行いが愛に促され、「疲れた」という思いすら浮かばなかったことを。人生最良の日々を彼らへの奉仕に費やした後で、わたし達がもはや必要とされなかったり、感謝されていないと感じる時、悲しみに沈むことがあるかもしれません。しかし忘れてはなりません。わたし達の為した奉仕は決して失われることはないのです。わたし達の奉仕は、わたし達が仕えた人々の魂の中に愛とともに織り込まれているのです。愛は、これから生まれ来る多くの人々の命の中で繰り返し輝き続けることでしょう。愛が滅ぶことはありません。愛は永遠です。

神の愛は理解を越える

キリストによって完成された神へ帰る道を、人が完全には受け入れられないのはなぜでしょう。それは、父なる神が子らに示された愛があまりに大きく、それを人が理解できないからです。父なる神にして第一原因は、ご自身を顕わされるために、愛によってこの世界を存在せしめられました。わたし達の周囲を観察すれば、そのことは自ずと明らかです。神は、自らの被造物である人に、神と一つになる力を与えられ、その道を、神との仲介者であるキリストを通して示されました。神は、わたし達を愛するが故に、その一人子すら与え給い、その御子を通してわたし達が永遠の命を得られるようにして下さいました。父なる神の愛は、わたし達の上にかくも豊かに注がれているのです。

「わたしを知っているあなた方は、わたしの父も知る。なぜなら、わたしは父の内にいるからだ。」そして、悔い改めない邪なこの世にあって、わたしの内に残り火のように命を燃やす愛をあなた方は知るだろう。「なぜなら、道を求める者はすべてわたしに至るからだ。わたしは道である。あなた方はわたしの兄弟だ。あなた方は、地上に顕わされた愛によって肉の内にもうけられたのだから。」されば、この世に顕わされた神の愛を理解せしめ、その愛の意識をもたらす霊と精神のうちに、あなた方は日々とどまれ。　（262―44）

メンバーの体験

「人の理解を越えた愛――わたしはそれを知り、体験したいと思っていました。するとと間もなく、愛を知るには、愛の創造者である神をどうしても知らなければならないことに気がつきました。その道はわたしに示されました。それは、内なる神殿、つまり至聖所において親しき交わりを深めることであり、そこで神の臨在にまみえ、生けるキリストの愛を知り、聖霊の力を体験することでした。」

「瞑想することで、それまで何カ月もの間求めてきた平安を見出すことができました。平安は、遠くにあったわけではなく、わたしのすぐ近く、わたしの心の中にあったのです。わたしは、救い主が生きておられることを知り、主の臨在を体験し、わたしの肉体と心と魂が主と一つであることを知るようになりました。」

「試練の時に、わたしは神の愛を求めました。わたしは父なる神の臨在を一層強く感じるようになり、守護天使がわたしを守っていて下さるという慰めを得ました。平安がわたしの魂を満たしてくれました。『わたしたちが神を愛したのではなく、神がわたしたちを愛して、わたし達の罪を償ういけにえとして、御子をお遣わしになりました。ここに愛があります』[9]とあるとおりです。」

「愛の想いを誰かに送ったり、何かに送ることで、状況が一変するのを経験したことがあります。わたくしに娘がおりますが、ある晩、ひどく反抗的でした。勉強もせず、わたしの注意にも耳を貸そうとしませんでした。そこでわたしは娘の方を向いて、愛の想いを送ってみました。娘はすぐにわたしの想念に感応し、しばらくすると笑顔を取り戻し、机に向かって勉強し始めました。一瞬のうちに娘の態度が変わり、素直になったのです。一言も言わないのに、愛だけで状況が変わったのです。」

「この世界を存在せしめた同じ法則が、神のすべての創造物と人間を友達にします。わたしの子供達はペットが大好きで、捨てられた動物や、ひとりぼっちの動物を見つけると、すぐに家に連れて帰ります。次の話は、うちの裏庭によ

9 第一ヨハネ四・一〇

くやってきた捨て猫に関するものです。その捨て猫はなかなか人に慣れず、人が近寄ったり、人を見かけると、逃げていました。わたし達は、その猫のために餌を置いてやることにしましたが、人間を恐れて、わたし達の前で食べている姿を見せようとはしませんでした。

でも、わたし達はその猫がとても好きになり、それに不憫に思えたので、いつもやさしい気持ちを向けるようにしていました。そうするうちに猫もわたし達のことを怖がらなくなり、体をなでられても平気になって来ました。ドアを開けてやると、家の中に入ってくるようになりました。ここまで来るのに二年かかりましたが、そこまでなつくようになったのです。まさに『愛は恐れを締め出す』[10]です。」

次の体験談からわかるように、愛は人の心に働きかけるだけでなく、わたし達の物質的な生活にも力を発揮します。

「わたしがとても大切に思っていたある人が、経済的に非常に困窮した時期がありました。わたし自身が物質的な意味で、もうギリギリの所に追い込まれて

10 第一ヨハネ四・一八

いたある朝、その人がわたしの家にやってきて、百ドル貸して欲しいというのです。そのとき銀行にはほんのわずかの預金があるだけで、その先、収入の当てはまったくありませんでした。ですから、わたしにしてみれば、自分が一番必要としている最後の一ペニーを出せと言われた子供のような気持ちでした。

心の中に葛藤はありましたが、その友人の頼みを断ってはいけない、銀行に行って彼に貸すべきだ、という思いが湧いてきました。わたし自身の生活を守ろうとする気持ちよりも、彼の精神的な苦悩の方がずっと深刻だったのです。とはいえ、その後も積極的な気持ちと消極的な気持ちが交互に現れました。自分のほとんど全財産に近いお金を人に与えても大丈夫だろうか。そのような犠牲を神はわたしに求めておられるのだろうか、と。しかし最後に、主がわたしのために払って下さった大きな犠牲と、子らに対する神の愛について、わたしの目が開かれたのです。それまでの葛藤は消え失せ、心は平安になりました。主は『わたしは、決してあなたから離れず、決してあなたを置き去りにはしない』[11]と約束して下さったのではありませんか?

愛の力は、わたし達一人一人の人生をゆっくりと形作ります。わたしにはそのことがよくわかります。なぜなら、愛の力が、神の愛を示そうとするわたし

11 ヘブライ一三・五

を日々助け、わたしの奉仕を通じて神が讃えられるような生き方をわたしにさせてくれるからです。」

まとめ

来たれ、汝らわが子らよ。汝らは皆、父なる神がその子らを愛しておられることを、その隣人、その兄弟に示す道に召し出されているのだから。誰が神の子らであろうか？　神の戒めを日々守る者がそうである。信仰深く真実である者の上に、命の冠は与えられる。収穫物は熟した。されど働き手は少ない。たとえ汝を悩ませるように見えるものがあったとしても、それに疲れてはならない。自らを信仰深く、真実な者として示す者に道は開かれるのだから。挫けてはならない。主なる神の日は間近に迫れればなり。

（262—47）

Our Father, through the love that Thou hast manifested in the world through Thy Son, the Christ, make us more aware of "God is love." (262–43)

神は愛

たとえ、人々の異言、天使たちの異言を語ろうとも、愛がなければ、わたしは騒がしいどら、やかましいシンバル。たとえ、預言する賜物をもち、あらゆる神秘とあらゆる知識に通じていようとも、たとえ、山を動かすほどの完全な信仰をもっていようとも、愛がなければ、無に等しい。全財産を貧しい人々のために使い尽くそうとも、誇ろうとしてわが身を死に引き渡そうとも、愛がなければ、わたしに何の益もない。

愛は忍耐強い。愛は情け深い。ねたまない。愛は自慢せず、高ぶらない。礼を失せず、自分の利益を求めず、いらだたず、恨みを抱かない。不義を喜ばず、真実を喜ぶ。すべてを忍び、すべてを信じ、すべてを望み、すべてに耐える。

愛は決して滅びない。預言は廃《すた》れ、異言はやみ、知識は廃れよう、わたし達の知識は一部分、預言も一部分だから。完全なものが来た時には、部分的なものは廃れよう。幼子だった時、わたしは幼子のように話し、幼子のように思い、幼子のように考えていた。成人した今、幼子のことを棄《す》てた。わたし達は、今は、鏡におぼろに映ったものを見ている。だがその時には、顔と顔とを合わせて見ることになる。わたしは、今は一部しか知らなくとも、その時には、はっきり知られているようにはっきり知ることになる。それゆえ、信仰と、希望と、愛、この三つは、いつまでも残る。その中でもっとも大いなるものは、愛である。

コリントの信徒への手紙一　一三章

ＡＲＥについて

エドガー・ケイシーのリーディングを研究および普及する目的で一九三一年に設立された財団で、本部は米国バージニア州バージニアビーチにあります。全米ならびに世界各国においてケイシーのもたらした情報の普及につとめており、ホリスティックヘルス、輪廻転生、夢、瞑想、哲学などさまざまな分野に関する啓蒙活動を行っています。ＡＲＥの会員になると、会誌Venture Inwardやリーディング抜粋集などが送られてきます。ＡＲＥ本部にはエドガー・ケイシーのリーディングをすべて収めたライブラリーや、超心理学関係の蔵書五万冊を越える図書館、瞑想ルームなどがあり、誰でも利用できるようになっています。

A.R.E
67th St. and Atlantic Ave.
Virginia Beach, VA 23451
U.S.A.
URL: http://www.edgarcayce.org/

ＮＰＯ法人　日本エドガー・ケイシーセンターについて

米国ＡＲＥの正式な認可を得て一九九三年に設立された団体で、ＡＲＥの日本支部として、日本におけるエドガー・ケイシーの業績の普及や啓蒙活動を行っています。日本各地でエドガー・ケイシーに関する講演会やセミナー等を開催しています。オープンな会員制を取っており、会員になると会誌ワンネス（Oneness）やニュースレターなどが送られるほか、インターネットでリーディングの検索サービスなどを利用することができます。二〇〇二年十月に特定非営利活動法人（ＮＰＯ）の認証を得ました。

本書をテキストとして、スタディグループ活動を広げていく予定です。お住まいの地域でスタディグループを探しておられる方、あるいはこれからグループを形成してスタディグループを始められたい方はセンターにお問い合わせ下さい。

日本エドガー・ケイシーセンター（ECCJ: Edgar Cayce Center in Japan）
151-0053 東京都渋谷区代々木 5-25-20-3F
TEL: 03-3465-3285　　FAX: 03-3465-3263
URL: http://www.eccj.ne.jp/

索引

〈訳者紹介〉

光田 秀（みつだ しげる）

昭和33年、広島県生まれ。京都大学工学部卒。

20歳の頃、エドガー・ケイシーの『転生の秘密』（たま出版）を読んで霊的人生観に目覚める。同大学院修了後、政府研究機関にて4年間勤務。以後ケイシーを中心に、霊的哲理の研究・翻訳・執筆に専心。現在、日本エドガー・ケイシーセンター会長。

主な著訳書に、『眠れる予言者エドガー・ケイシー』（総合法令）、『エドガー・ケイシーが示す愛と結婚の法則』、『キリストの秘密』（たま出版）、『知られざる自己への旅』（大和書房）、『エドガー・ケイシーのすべて』（サンマーク出版）などがある。

神の探求 I

2002年11月15日　初版第1刷発行
2019年9月8日　初版第8刷発行

口　述　エドガー・ケイシー
編　纂　AREスタディグループ
訳　者　光田 秀
発行者　韮澤 潤一郎
発行所　株式会社 たま出版
〒160-0004 東京都新宿区四谷4-28-20
☎03-5369-3051（代表）
http://tamabook.com
振替　00130-5-94804
印刷所　図書印刷株式会社

ISBN978-4-8127-0162-1 C0011